MADELEINE PELLETIER

DOCTEUR EN MÉDECINE

L'ÉMANCIPATION SEXUELLE

DE LA FEMME

PARIS (5e)

M. GIARD & E. BRIÈRE

LIBRAIRES-ÉDITEURS

16, RUE SOUFFLOT ET RUE TOULLIER, 12

—

1911

L'ÉMANCIPATION SEXUELLE
DE LA FEMME

CHAPITRE PREMIER

UNE SEULE MORALE POUR LES DEUX SEXES

Suivant que l'on est homme ou femme, le mot honnête a un sens différent. L'honnête homme est celui qui ne porte pas tort à ses semblables ; la femme, elle, peut porter tort à autrui et être quand même considérée comme honnête ; car son honnêteté, à elle, est d'un ordre tout spécial : elle consiste à souscrire à la loi de l'homme.

Pas d'existence individuelle pour la jeune fille, en tutelle chez ses parents, elle attend le mari. Un seul devoir alors absorbe pour elle tous les autres ; la plupart des autres même n'existant qu'en vue de lui ; la jeune fille doit se conserver vierge pour l'homme qui l'épousera. Pour assurer cette conservation, les primitifs enferment les jeunes filles, comme du reste ils enferment les femmes pour s'assurer leur fidélité. La civilisation a enlevé les grilles, mais des prescriptions morales, voire des dispositions matérielles, remplissent le même but.

Dans la bourgeoisie française, la jeune fille ne sort guère sans être accompagnée : aussi ignore-t-elle tout de la vie; son expérience se borne aux relations parentales; elle ne connaît le monde extérieur que par des romans que souvent encore elle doit lire en cachette. Dans la classe moyenne et dans la classe ouvrière, la jeune fille sort seule, mais elle est loin de jouir d'une liberté égale à celle du jeune homme. On ne l'accompagne pas à son bureau ou à son atelier, mais on calcule son temps de telle sorte qu'elle ne peut guère être libre à moins de se faire libre tout à fait. Souvent même, indépendamment des parents, le frère veille sur la conduite de sa sœur; lui, satisfait sans frein à sa sexualité ; mais il se croit quand même le droit de morigéner sa sœur au moindre écart et les parents, loin de l'en blâmer, le félicitent de remplir ce qu'ils jugent être son devoir de frère. La jeune fille du reste, élevée pour l'esclavage, ne saurait guère profiter de la liberté ; lorsqu'elle s'affranchit de la tutelle familiale, c'est seulement pour tomber sous le joug d'un homme.

La jeune fille de la bourgeoisie anglaise sort

seule, mais libre d'aller et de venir, de voyager même, elle reste serve dans son sexe. La liberté d'ailleurs ne lui a pas été donnée dans un but d'émancipation : on ne la laisse sortir que pour lui permettre de trouver un mari, et elle cherche ce mari comme le jeune homme cherche une position sociale.

La loi de l'homme, les hommes mettent tout en œuvre pour amener les femmes à la transgresser ; à cet égard comme à maints autres, l'intérêt particulier se trouve être en contradiction avec l'intérêt collectif. Le mariage qui met la femme en tutelle enchaîne l'homme, dans une certaine mesure du moins ; aussi entend-il pouvoir satisfaire largement ses sens hors de lui. Par séduction, par ruse, par intimidation, quelquefois par violence, l'homme entraîne donc la femme à l'amour illégitime. De ce fait la morale conventionnelle le blâme ; mais la morale réelle l'excuse et même le glorifie. La femme étant considérée non comme une personne mais comme un objet de consommation, la réputation de séducteur équivaut à celle de l'homme heureux qui réussit dans la vie.

Mais si séduire est un mérite, être séduite est au contraire une honte. Le discrédit moral que subit la fille séduite est au fond une dépréciation matérielle ; par la perte de sa virginité elle tombe au rang d'une chose qui a cessé d'être neuve ; c'est une « jeune fille avec tache », marchandise avariée de placement difficile.

Ainsi l'honnêteté pour la jeune fille c'est la virginité. Pour la femme l'honnêteté c'est la fidélité ; la femme honnête est celle qui ne trompe pas son mari. De même qu'autour de la jeune fille la société élève toutes sortes de barrières pour protéger sa virginité, de même des barrières sociales gardent la fidélité de la femme.

Les jeunes filles de la bourgeoisie se marient en général pour être libres. Elles le sont davantage il est vrai que chez leurs parents, mais la tutelle maritale, pour être moins rigoureuse, n'en est pas moins une tutelle ; toujours l'épouse doit compte de son temps.

Nulle égalité dans l'amour conjugal ; l'homme possède et la femme est possédée ; il a des droits qui sont pour elle des devoirs. Asservie même dans sa chair, elle va jusqu'à subir la maternité lorsque l'homme la lui impose contre son gré, afin de mieux la confiner au logis. Le mari peut à volonté exercer ses droits ou s'en abstenir. Dans le second cas, l'épouse « délaissée » n'a d'autres ressources qu'un adultère clandestin. Mais la femme qui se refuse encourt la brutalité de l'homme qui souvent n'est pas arrêté par la maladie même. Que de femmes se plaignent d'avoir été abominablement traitées par leur mari, parce que souffrantes ou nouvellement accouchées (1) elles ont tenté de se soustraire au « devoir ». Mariée à un homme atteint de satyriasis, de perversions sexuelles, la femme est enjointe encore de le subir. Les parents restent sourds à ses plaintes, alléguant qu'elle appartient à son mari, la religion abandonne alors la femme ; il est dit, paraît-il, dans les manuels des confesseurs, que l'homme peut faire de la femme suivant sa volonté alors même qu'il y aurait pour elle danger de mort (2).

Plus encore que la jeune fille, la femme mariée est incitée par les hommes à transgresser à leur profit la morale sexuelle, mais alors que l'adultère est permis au mari sinon tout à fait par les lois, du moins pour le sentiment public, l'adultère de la femme est presque un crime. A la fidélité conjugale l'homme ne se croit pas en réalité astreint, l'opinion fait même un devoir à la femme de pardonner son mari adultère ; celle qui s'y refuse encourt le blâme. Mais la femme adultère est traitée en grande coupable, le mari qui la pardonne loin d'être loué

1. Dans les maternités, les médecins prolongent à dessein la durée du séjour des accouchées. Ils savent que la femme rentrée au logis aurait sans retard à subir l'homme, en dépit de tous les conseils.

2. La femme mariée à un homme atteint de perversions sexuelles peut divorcer ; mais les mœurs ici sont en arrière des lois. Il faut que les souffrances de l'épouse soient bien grandes pour qu'elle en arrive au divorce.

est ridiculisé et celui qui la tue est considéré par l'opinion et par le jury comme exerçant un droit.

Cette inégalité dans l'appréciation d'un même acte selon qu'il est commis par l'un ou l'autre sexe se justifie au dire des traditionalistes par la perspective de l'enfant.

L'homme en effet met un orgueil farouche dans sa paternité. A-t-il à l'égard de cette paternité des doutes, fondés ou non, il se croit en droit de faire une vie affreuse à l'enfant qu'il soupçonne n'être pas le sien (1) ; et malgré son ordinaire pitié de l'enfance, le public l'excuse. Cependant le sentiment paternel est loin d'être fort. Le nouveau-né n'apparaît guère au père que comme « un paquet de chair rouge » suivant l'expression d'un journaliste contemporain. Si c'est un garçon, l'homme est fier d'avoir reproduit son sexe, le sexe supérieur, si on lui assure que l'enfant lui ressemble, il est flatté. L'affection véritable ne viendra qu'à la longue par l'effet de la vie commune. Aussi bien, au fond l'orgueil paternel n'est-il qu'un sentiment de propriétaire. L'homme, souverain maître de sa femme, se réserve à lui seul le droit de lui donner des enfants, une paternité étrangère lui apparaît comme un vol commis à son dommage.

En se plaçant même à ce point de vue barbare, l'adultère masculin ne devrait pas être plus excu-

1. Voir : *Le Comte Kostia*, par Cherbuliez.

sable que l'adultère féminin. Si le mari adultère n'apporte pas de bâtards dans son ménage, il en apporte dans un autre, à moins qu'il n'accable du fardeau de la maternité une pauvre fille. Mais la morale courante ne tient aucun compte de ces éventualités, elle considère que dans le troupeau féminin l'homme a le droit de puiser à sa fantaisie. Si un autre homme est lésé, tant pis, il n'avait qu'à mieux veiller sur les femmes qui, en qualité d'épouse, de sœurs ou de filles vivent dans sa dépendance : « Mes coqs sont lâchés, gardez vos poules. »

Ainsi la raison de la dualité des morales n'est pas ailleurs que dans la dépendance de la femme à l'égard de l'homme. Seulement comme toutes les origines celle-là est ignorée de la plupart des intéressés. La mère élève sa fille dans les principes où elle a été élevée elle-même, et ce qui n'est que le bien de l'homme est conçu par les femmes comme étant un bien absolu.

La vieille fille qui vit seule dans la chasteté n'a pas de mari ou d'amant jaloux à craindre, sa virginité en raison de l'âge a cessé d'avoir un prix et cependant elle ne se comporte guère autrement que la femme en puissance d'homme. S'est-elle attardée hors du logis, vite elle rentre. Que dirait la concierge, que penseraient les voisins si elle regagnait son domicile *à une heure indue;* que diraient-ils surtout si elle découchait, ce ne serait ni plus ni moins qu'un scandale. Et cependant à ce logis personne ne l'attend ; elle n'a pas d'enfants pas de vieux parents qui demandent des soins ; seule dans la vie elle ne laisse personne derrière elle. Cela ne fait rien. Tout comme si elle n'était pas seule sa vie est réglée ; elle dose ses sorties et veille à n'en pas trop faire de peur qu'on ne la blâme de *n'être jamais chez elle*. Son existence méthodique et vide est comme un culte rendu au *sexe masculin* dont l'autorité quand même pèse sur elle.

S'affranchirait-elle au reste des voisins que de sa liberté, la célibataire ne saurait guère qu'en faire ; la société tout entière lui rappelle à chaque instant qu'elle appartient au sexe esclave. Dans la rue, elle est en but aux grossièretés masculines. Jeune et jolie, les hommes l'interpellent de mots obscènes, de propositions ordurières ; parfois à la parole ils joignent le geste, l'attouchement graveleux. Disgraciée de la nature, la passante essuie des quolibets ; l'homme laid passe inaperçu, mais la femme d'a pas le droit d'être laide. Vieille, on injurie son âge. En Angleterre la femme, mieux respectée, n'a pas à subir ces avanies, mais en France les mœurs sont restées à cet égard ce qu'elles étaient aux temps barbares. Des règlements de police protègent les hommes contre les assiduités des raccrocheuses, mais la femme, sans doute parce qu'elle est plus faible, est laissée sans protection à la merci des raccrocheurs. Dans les rues pour l'entretien desquelles on ne manque pas cependant de lui demander sa contribution, elle est comme en pays ennemi, aussi elle se hâte.

A la campagne, c'est pis qu'à la ville. Dans la rue, la femme ne court guère que le risque d'être suivie et insultée; à la campagne les risques sont plus graves, aussi s'abstient-elle de s'y promener. Espérons qu'enfin, un peu de lumière entrant dans leur intelligence, un peu de dignité dans leur caractère, les femmes apprendront à être capables de se défendre (1).

Au théâtre une femme peut à la rigueur aller seule lorsqu'elle a les moyens de payer une place chère, mais il ne lui faut pas songer à aller aux petites places ; le peuple est en ce qui concerne la considération pour la femme, très inférieur à la bourgeoisie.

Je m'attends certainement à encourir le blâme des « honnêtes gens » en revendiquant pour la femme la liberté du café. Ils s'écrieront que je réclame le droit à la débauche ; cela m'est égal. Aller au café ne signifie pas nécessairement être un débauché ou un ivrogne. Tant que l'on n'aura

1. Les femmes doivent s'habituer à porter un revolver pour les sorties du soir et les promenades à la campagne. Outre les services qu'il peut rendre en cas de danger, le revolver a un pouvoir psychodynamogène; ce fait seul de le sentir sur soi rend plus hardi.

pas trouvé un autre lieu où l'on puisse voir du monde, lire les journaux, écouter de la musique, se rencontrer avec les gens sans qu'il soit besoin d'en venir aux formalités compliquées d'une invitation, le café aura son utilité. Si les hommes sont en général mieux *informés* que les femmes, c'est en partie grâce au café qui leur permet de se frotter les uns aux autres ; la femme si intelligente soit-elle est dans l'état d'infériorité d'une isolée. Mais il est évident que la liberté du café ne peut faire l'objet d'une loi ; c'est aux femmes elles-mêmes de se l'assurer en rejetant le préjugé qui leur interdit de s'y rendre. Pendant longtemps certes, les femmes n'y seront pas à leur aise, mais on ne triomphe de l'hostilité du public qu'à force de courage. Les hommes d'ailleurs commencent à s'habituer à voir des femmes venir s'y désaltérer, peu à peu ils cesseront de s'étonner lorsqu'ils les verront s'y réunir comme ils le font eux-mêmes. C'est dans cette voie que les féministes devraient aller ; elles serviraient mieux la cause qu'en installant, comme elles le font, des « homes » féminins qui ne servent qu'à les maintenir dans leur timidité originelle.

Lorsque la femme aura conquis le droit à la vie politique, son émancipation devant les mœurs s'effectuera plus rapidement ; les vertus spéciales que l'un exige d'elle n'auront plus de raison d'être, on admettra l'équivalence des deux sexes en amour.

L'homme en souffrira-t-il ? Bien au contraire. Montaigne, dans ses *Essais*, dit que le lien sexuel serait le plus doux de tous, si à l'union des corps il était possible de joindre celle des esprits.

Actuellement, la loi morale qui oblige la femme qui veut rester honorable à la chasteté, condamne le jeune homme à l'amour vénal. Pour satisfaire leurs sens, des hommes intelligents et cultivés sont réduits à la compagnie de femmes ignorantes et inintelligentes ; ils doivent subir un bavardage insipide, feindre de s'intéresser à des cancans fastidieux. L'un et l'autre sexe ne pourront que gagner à ce que pour mériter le titre d'honnête femme il ne faille rien de plus que remplir les devoirs sociaux d'un honnête homme.

CHAPITRE II

Le Féminisme et la famille

Les adversaires de l'émancipation de la femme font au féminisme entre autres reproches celui de détruire la famille ; et, à leurs yeux, ce reproche est le plus grave qui puisse lui être fait, car sans la famille, ont-ils coutume de dire, pas de société possible, l'humanité retournerait à la sauvagerie des premiers âges.

D'ordinaire, cette éventualité de la destruction de la famille suffit à éloigner du féminisme nombre de personnes qui tendraient à s'y rallier ; aussi les féministes n'ont-ils d'autre ressource que de déclarer sans fondement les allégations de leurs adversaires et de faire tous leurs efforts pour établir que l'émancipation de la femme, loin de détruire l'institution familiale, ne fera que la renforcer.

Les conventions sociales, en effet, veulent que la famille soit une institution essentiellement bonne. Les romanciers, les dramaturges, les poètes chantent le bonheur du foyer et pleurent la détresse de celui qui n'en a pas. Dans son for intérieur, il est vrai, chacun sait sur ce prétendu bonheur familial à quoi s'en tenir ; mais lorsque la famille ne donne pas toutes les satisfactions que l'on croit devoir en attendre, on pense n'être que l'exception fâcheuse d'une règle excellente. Des exceptions également sont, croit-on, les tableaux des romanciers réalistes et les drames familiaux qui viennent se dénouer devant les tribunaux.

La famille actuelle est établie selon le principe autoritaire. C'est une petite monarchie absolue dans laquelle l'homme, père et mari, exerce le pouvoir que lui ont conféré la loi et les mœurs.

Dans la pratique, les mœurs sont à cet égard en avance sur la loi. Lorsque la femme est supérieure à son mari ou seulement plus volontaire, c'est elle qui commande et le mari n'agit que d'après ses conseils. Dans les milieux éclairés, lorsque mari et femme sont de bon caractère, il y a à peu près égalité entre eux ; je dis seulement à peu près, car l'idée que les hommes ont de leur supériorité est telle qu'il est extrêmement peu de ménages où le mari considère vraiment sa femme comme une égale. Même alors que par la supériorité de son instruction, de son intelligence, de son énergie, la femme dirige, il lui faut, pour sauvegarder l'amour-propre de son mari, feindre de lui obéir.

Au-dessous du père est donc la mère et au-dessous de la mère, les enfants. Les enfants doivent respecter les parents, leur obéir lorsqu'ils ordonnent. Dans la plupart des cas, cette obéissance est nécessaire ; livré à lui-même, l'enfant ne saurait se diriger et surtout s'éduquer. Mais il arrive parfois que c'est l'enfant qui a raison, les reproches des parents sont injustes ; ils lui font, dans une colère mal fondée, porter le poids de choses auxquelles il est étranger. Et cependant il est admis que l'enfant doive s'incliner : mériter l'épithète de « répondeur » est pour lui presque une tare. Lorsque l'enfant est intelligent, l'autorité parentale ainsi comprise lui apparait comme une tyrannie odieuse, un monstrueux abus de la force ; elle suffirait à assombrir ces années que les grandes personnes lui affirment être les plus belles de la vie, s'il n'avait le grand avantage d'un esprit très mobile.

C'est principalement dans la classe riche et dans la classe moyenne que l'autorité parentale et surtout paternelle se fait sentir. Dans les classes pauvres elle se manifeste par maintes taloches données à tort ou à raison ; mais elle dure peu. Dès que l'enfant a quatorze ans, il échappe à la tutelle de ses parents ; occupé tout le jour à l'atelier, il ne rentre guère à la maison paternelle que pour dormir. Quelques années plus tard, il la quitte tout à fait et vit à son propre compte. Dans les classes riches et aisées, la famille pèse sur la vie tout entière de l'individu. « J'ai telle opinion, je pense de telle manière, j'exerce telle profession, vous explique-t-on, parce que mon père l'a voulu. J'aurais bien désiré faire ceci, être cela, mais mon père s'y est opposé, alors je n'ai pas pu. »

On comprend, dans ces conditions, tout ce que la famille a de préjudiciable à l'initiative individuelle ; essentiellement conservatrice, elle fait de l'individu un encroûté, un pétrifié ; il tourne en rond dans le même cercle d'idées tel un cheval de manège.

« J'ai été élevé ainsi et par conséquent je ne puis faire qu'ainsi. » Le riche né dans la fortune devient, s'il a la malchance d'être ruiné, affreusement malheureux. Sans le luxe dans lequel il a toujours vécu, la vie ne lui paraît plus avoir aucun prix et souvent il préfère y renoncer ; cependant nombre de gens sont sans fortune et vivent néanmoins.

Même immobilisme en ce qui concerne la profession. Le fonctionnaire, le médecin, l'avocat, le savant, l'ouvrier même croient n'avoir d'aptitudes que pour la carrière qu'ils ont embrassée dès leur jeunesse. De même qu'on ne vit qu'une fois, on n'apprend qu'une fois, et la trentaine arrivée on n'est plus bon qu'à un seul genre d'occupations. Aussi la perte de sa profession fait-elle du professionnel un homme désemparé et souvent la mort vient pour lui avec la retraite. Figé dans une occupation stéréotypée, il semble que cette occupation soit devenue comme une fonction de sa physiologie dont la cessation doive arrêter toutes les autres. Privé de sa place en plein âge mûr, le fonctionnaire déclare que sa vie est brisée ; le chasser c'est le briser. Comment vivre en effet si on n'a plus de grammaire à enseigner, de circulaires à écrire ?

Mêmes conceptions dans la classe ouvrière. Une fois menuisier, on ne saurait se faire maçon et si la menuiserie chôme on préfère vivre dans la plus noire des misères plutôt que de vendre des journaux dans la rue ou de se faire homme de peine. Je perdrai mon métier, dit l'ouvrier qui en réalité croirait déroger en faisant autre chose que ce qu'il a appris une fois pour toutes.

De cette fixité le préjugé courant fait une vertu ; on a des préventions contre les gens qui aiment à changer, même lorsque ce sont des hommes célèbres. Les critiques littéraires qui n'aiment pas Jean-Jacques Rousseau ne manquent pas de lui reprocher ses professions multiples. Comment être un homme estimable alors que l'on a été successivement horloger, botaniste, musicien, philosophe ? On a une profession et on s'y tient.

Stéréotypés dans l'espace, le commun des hommes l'est également dans le temps ; il y a une façon d'être et d'agir pour chaque âge. Dans un village de Bretagne les femmes doivent coiffer, la quarantaine arrivée, un bonnet spécial qui indique que pour elles l'âge d'amour est passé. Certaines coquettes, paraît-il, tentent de tricher pour conserver plus longtemps le bonnet qui rend encore possible la séduction des hommes, mais les vieilles sont là. On précise la date du mariage, celle de la première communion et, chiffres en main, on établit d'une manière irréfutable la date de naissance. Alors, bon gré, mal gré, la récalcitrante doit prendre le fatidique bonnet et se ranger parmi les vieilles.

La vie des gens, même cultivés, n'est pas réglée autrement. Il est entendu qu'à tel âge on fait telle chose et que, l'âge passé la chose est impossible à faire. Aussi est-ce dès l'enfance que le programme de la vie est réglé. A-t-on manqué ses études classiques, on croit les carrières libérales irrévocablement fermées ; à seize ans, il y a déjà des choses qu'on pense ne plus pouvoir apprendre parce qu'on est trop vieux !

Aussi dans quelle monotomie se déroule l'existence de la plupart des hommes; même histoire pour chacun; il s'est instruit, il a appris un métier, il s'est marié, il a élevé ses enfants et il est mort. Mari et femme n'ont vite plus rien à s'apprendre; à table la conversation languit. Une dame de mes connaissances me citait avec admiration le fait de sa mère qui après vingt ans de mariage riait encore d'un calembour que faisait à propos des dattes son mari, chaque fois que ce fruit apparaissait au dessert.

Dans cette vie rythmique, le cerveau s'endort; jeune encore, l'individu est déjà fixé pour toujours dans un cercle d'idées; son siège est fait, il ne changera plus; de là l'extrême lenteur du progrès social.

Dans une grande mesure, ce demi-sommeil cérébral dans lequel vivent la plupart des hommes, la difficulté qu'ils éprouvent à se réadapter, à désapprendre et à apprendre tient à leur nature même. Mais la vie familiale ne fait que renforcer ces dispositions naturelles à la torpeur en restreignant le cercle des relations. Si la cellule sociale au lieu d'être la famille était l'individu, si chacun, sûr de trouver en l'État un minimum d'aide, hésitait moins à déplacer sa tente, la variété de sa vie le ferait plus actif, plus intelligent, et la société tout entière n'aurait qu'à y gagner.

La famille on le voit porte préjudice à l'un et à

l'autre sexe ; pour tous elle est asservissement, immobilisme et ennui, mais pour la femme elle est bien autrement néfaste encore.

Beaucoup plus qu'un esprit, l'homme moyen est un corps et il est très sensible à ce confort matériel que l'homme supérieur dédaigne. Aussi le petit bourgeois, l'employé, l'ouvrier sont-ils heureux de trouver en rentrant au logis la table mise et le repas chaud. Il leur est agréable d'avoir le matin les souliers cirés, les vêtements brossés, du feu dans le poêle ; ils se rappellent que célibataires ils devaient pourvoir eux-mêmes à tous ces soins ; aussi bénissent-ils le mariage.

Mais la femme n'a pas à le bénir puisqu'au lieu d'être servie c'est elle qui sert. La somme de bien que comporte la famille n'échoit qu'à l'homme, la femme n'y trouve que de la peine, aussi la loi statistique qui veut que les célibataires meurent plus que les gens mariés ne se vérifie-t-elle que dans le sexe masculin ; pour la femme, c'est le contraire qui est vrai ; elle a plus de chances de mort dans le mariage.

L'homme est-il malade, la femme le soigne avec dévouement, elle se prive de sommeil pour le veiller, s'évertue à le consoler. Lorsque la femme est malade, s'il n'y a pas de domestiques ou de parentes pour lui donner des soins, le plus souvent elle en manque. Autour du lit de la souf-

frante, de l'accouchée règnent le désordre et la
malpropreté. Il n'est pas difficile de balayer un
un parquet, de laver la vaisselle, d'essuyer des
meubles, de ranger les objets à leur place ; n'importe qui peut faire tout cela, tant bien que mal,
sans avoir jamais appris. Mais l'homme croirait en
le faisant manquer à sa dignité ; ce n'est pas son
affaire, dit-il, et plutôt que de déroger à son sexe,
il préfère laisser tout à l'abandon. Si même la
maladie dure longtemps, c'est lui qui se plaint.
Il n'a, dit-il, plus d'intérieur, ses vêtements ne
sont plus réparés, il n'y a personne pour faire sa
cuisine ; enfin il n'a plus de femme pour satisfaire
ses sens ; il est très malheureux. Au sujet de ce
malheur, au reste, l'entourage est de son avis.
« Le pauvre homme, dit-on, sa femme est malade,
il n'a plus de foyer ! » Souvent alors il plante là
la famille pour aller courir à d'autres amours et
chacun, s'il ne l'approuve pas, l'excuse.

La vie du mari est surtout extérieure, profes-
sionnelle : savants, industriels, artistes, commer-
çants sont constamment occupés. La profession
d'un homme fait toute sa personnalité, c'est par
elle qu'il monte ou descend dans la hiérarchie
sociale. Elle est pour lui une source d'émotions
agréables et désagréables qui le prennent à peu
près tout entier, aussi supporte-t-il aisément la
monotonie familiale qui lui est un délassement. Mais

la femme elle, ne vit pas elle ne fait que regarder
son mari vivre, quand encore il est d'assez bon
caractère pour la mettre au courant de ses affaires.
Du matin au soir, l'épouse du petit employé est en
peignoir, dans son étroit logement. Elle tue le
temps comme elle peut en bavardages avec ses
voisines, en longues stations passées à la fenêtre à
détailler la toilette des passantes ; elle confectionne
pour se désennuyer des petits ouvrages qui lui
reviennent plus cher à les faire que si elle les
achetait tout faits au magasin. Comme ces pri-
sonniers qui guettent pendant des heures la venue
d'une araignée, l'esprit de la ménagère s'accroche
en désespéré aux menus détails de l'intérieur. Dans
ce désœuvrement, la rentrée du mari est une fête ;
on s'explique qu'il en soit flatté, mais quelle existence pour la femme ! Le roman de Flaubert
Mme *Bovary* peint avec vérité la détresse morale
de ces existences féminines, détresse d'autant
mieux sentie que la femme est plus intelligente.
Chez les inférieures, le désœuvrement aigrit le
caractère ; elles y contractent cette sorte de
méchanceté nerveuse qui rend certaines femmes
insupportables.

Dans les classes élevées le sort de la femme est
meilleur, car le riche est plus sociable que le
pauvre ; mais les existences féminines restent
encore bien vides. Pour remplir sa vie, la femme

du monde a tout un protocole de visites, de dîners
et de réceptions à observer. Cela vaut mieux que
regarder à la fenêtre, il est vrai, mais ce n'est
quand même pas une vie intéressante. Créé jadis
en nos ancêtres pour chercher la nourriture en
chassant à la proie, notre cerveau a besoin de
résoudre des problèmes, il lui faut les émotions
de la lutte ; sans elles il n'y a qu'ennui, même au
sein de la grande richesse : « Quel effroyable malheur, dit un biographe du Chevalier d'Éon : il était
un homme, et il lui fallut prendre des vêtements
féminins, vivre de la vie d'une femme. Lettré,
officier, chargé de missions diplomatiques, il dut
tout abandonner pour n'être plus que la demoi-
selle d'Éon confinée en un triste logis. »

Jusqu'ici nous n'avons guère considéré que les
ménages heureux, ceux où le mari, doué d'un bon
naturel, ne croit pas devoir être le tyran de son
épouse ; mais que dire dans le cas contraire.
Quelle existence de martyre que celle de la femme
du peuple condamnée à partager le lit d'un ivrogne,
à subir les mauvais traitements d'une brute. Il est
des ouvriers qui, sous les plus futiles prétextes,
frappent leur femme, mettent ses robes en lam-
beaux, brisent la vaisselle et les meubles en des
accès de colère furieuse. Se refuse-t-elle aux rapports sexuels parce qu'elle est malade ou dans un
état de grossesse avancée, la femme est précipitée

en bas du lit conjugal par son mari frustré en ce
ce qu'il considère comme un droit, traînée par les
cheveux à travers la chambre. Ces faits révoltants
sont beaucoup moins rares qu'on ne le croit ; en
général, les femmes n'osent même pas s'en
plaindre.

Chez les riches, l'homme est en général moins
brutal, mais que de maris se plaisent à abuser de
l'autorité que la loi leur donne pour humilier leur
femme (1). « C'est moi le maître », dit l'époux
à tout propos. « Est-ce à la femme de comman-
der par hasard ? » Des maris se croient le droit
d'interdire à leur femme telle lecture, comme un
professeur ferait à son élève, ou un père à son
jeune enfant.

La vie de la femme mariée est au reste en bien
des points assimilable à celle d'un enfant chez ses
parents. Elle peut, il est vrai, dans la maison,
disposer les meubles à sa guise, ce que ne peut
pas la jeune fille, mais lorsqu'elle sort, il lui faut
dire où elle va et si elle veut cacher quelque chose,
elle doit mentir, conter une histoire. L'homme lui,
se dispense de dire où il va et si la femme est
exceptionnellement soupçonneuse, il a toujours la
ressource d'invoquer les « affaires ».

Certes, dans les ménages, l'homme n'est pas toujours le tyran et la femme la victime. Il est des

1. Voir la pièce : *les Tenailles*.

épouses acariâtres qui se plaisent à contrecarrer leur mari sur des riens, à lui lancer des pointes sarcastiques, à l'agacer de toutes manières. Mais le plus souvent ce triste caractère de certaines femmes tient au désœuvrement dans lequel la loi de l'homme les a condamnées à vivre. En tout cas c'est on peut dire toujours la femme qui est le plus à plaindre, puisque l'homme est fort et qu'il a la loi pour lui.

Dans *Femmes d'artistes*, Daudet raconte les malheurs des hommes supérieurs qui ont épousé des femmes sottes, séduits un instant par leur beauté. Ce sont des malheurs mérités. Les hommes ont de tout temps mis des entraves à la culture de l'esprit féminin : ce n'est guère qu'aujourd'hui qu'ils commencent à en comprendre l'utilité. Si la femme n'était qu'un sexe, on pourrait négliger de l'instruire et se contenter de la parer, mais elle est aussi un cerveau et le commerce d'un cerveau inférieur n'a rien d'agréable.

Telle qu'elle est, la famille est cependant recherchée et ceux qui n'en ont pas le regrettent. Pourquoi? Parce qu'il n'y a pas d'autres liens actuellement entre les individus. Ou vivre en famille ou vivre seul, telle est l'alternative, et comme il est pénible de vivre seul, le grand nombre préfère encore la famille.

Il y aurait cependant une troisième solution : on

pourrait par exemple s'associer entre amis de même sexe ou de sexe différent et vivre ensemble. Ainsi font souvent les étudiants russes ; ils louent à frais communs un appartement et constituent ainsi en quelque sorte une famille artificielle plus agréable que bien des familles naturelles puisqu'on y a l'avantage de vivre entre gens d'instruction sensiblement égale et de conceptions à peu près harmoniques. Plus nombreux, on pourrait louer au lieu d'un appartement une maison entière ; alors aux avantages moraux se joindraient des avantages matériels, on aurait plus de confort pour moins d'argent. Beaucoup de personnes fortunées d'aujourd'hui ont adopté un genre de vie qui se rapproche de celui que nous préconisons. Elles ne forment pas d'associations d'amis, mais elles vivent en pension de famille, changeant d'endroit au gré de leurs désirs. Elles se frottent ainsi à un nombre relativement grand de personnes et leur intelligence y gagne beaucoup.

Ce qui rend difficiles les associations d'amis, c'est la propension de chacun à vouloir faire l'éducation de son voisin. Dans la famille ce défaut de caractère n'entraîne pas de ruptures, parce qu'on se croit obligé de vivre ensemble, mais souvent on se déteste et les aigres propos échangés à tout moment font parfois un enfer du foyer familial. C'est surtout dans les milieux

incultes qu'il en est ainsi. Les gens instruits savent
en général mieux respecter la liberté d'autrui ;
aussi sont-ce eux qui seraient le mieux suscep-
tibles de vivre en commun à plusieurs.

Le triomphe du féminisme aura-il pour corollaire la destruction de la famille actuelle. Cela est
probable, mais tout permet de penser que cette
destruction se fera d'un manière extrêmement
lente.

On répète souvent que ce ne sont pas les lois qui
font les mœurs, mais les mœurs qui font les lois.
Cela n'est pas exact, entre les lois et les mœurs il y
a interdépendance. Souvent les lois sont en avance
sur les mœurs : elles sont l'œuvre d'une élite
animée du noble désir d'élever la masse jusqu'à
elle ; l'élite arrive à ses fins, mais lentement, les
mœurs ne prenant d'abord à la loi que juste assez
pour permettre un petit progrès sans bouleverse-
ment.

Déjà, les conditions actuelles de la vie féminine,
la possibilité pour la femme pauvre de gagner,
dans beaucoup de professions, assez pour assurer
honnêtement une vie modeste relachent sensiblement le lien matrimonial et commencent l'œuvre
de désagrégation de la famille ancienne. Montaigne
disait que le mariage est un marché dont seule
l'entrée est libre ; aujourd'hui grâce au travail de
la femme mariée, la sortie en devient, sinon libre,

du moins relativement facile. L'atelier, le magasin, le bureau sortent la femme de la routine du pot-au-feu et le restaurant où souvent elle est contrainte de prendre son repas de midi est pour elle un commencement d'émancipation.

Souvent, à vrai dire, la femme dans ces conditions travaille beaucoup, car en plus de son labeur professionnel, elle a les charges du ménage dont le mari, tout imbu de préjugés sur la prérogative masculine, se refuse à prendre sa part. De la femme au mari, même subordination ; le labeur tout seul ne saurait d'un coup, par une vertu magique, déraciner des préjugés millénaires. L'épouse souffre parfois de la morgue masculine, mais elle la subit, la croyant naturelle ; el'e reste une timide, elle se défie d'elle même et de plus il arrive souvent que l'homme, plus frotté à la vie, lui est en effet supérieur. Mais quand même elle a conscience que sa destinée conjugale est moins irrévocablement fixée ; heureuse ou à peu près, elle demeure mariée, mais si elle est par trop malheureuse elle divorce plus facilement se sachant, grâce à son travail, à l'abri du besoin.

A l'état présent, l'émancipation politique de la femme changera peu. Les anti-féministes se sont plu à représenter comme terrible le ménage où l'électrice opposera ses opinions à celles de l'électeur, c'est une assertion gratuite. Dans les

temps calmes qui sont la règle, les neuf dixièmes
des Français restent indifférents ou à peu près à la
politique, les Françaises, même électrices, le seront
encore plus pendant de très longues années. Loin
de lui nuire, la politique ne fera que donner de
l'attrait au foyer, lorsque la femme s'y intéressera
suffisamment pour pouvoir en discuter avec le mari.
Il est très rare que l'on se passionne assez sur la
question du meilleur gouvernement pour se séparer
de quelqu'un avec qui on a été jusqu'alors en bons
termes ; en tous cas on peut dire que jamais une
question politique ne prendra au foyer l'importance des questions d'intérêt, ce sont ces dernières
presque toujours, et non les opinions, qui divisent
les familles. Il faut ajouter d'ailleurs que le plus
souvent les gens qui se marient ensemble sont
d'opinion sinon identique, du moins rapprochée.
On prend femme, on prend mari dans le milieu où
on fréquente ; il est rare qu'un anarchiste aille se
chercher une épouse chez les partisans du roi, ou
qu'une mère chrétienne aille pour la marier conduire sa fille dans un bal de francs-maçons ; il arrive
parfois il est vrai que dans les ménages de la bourgeoisie des dissentiments éclatent sur les questions religieuses, mais cela tient le plus souvent
au peu de sincérité des opinions anticléricales du
mari qui en épousant s'est plus préoccupé de la
dot que de l'opinion de la femme. La femme

2.

émancipée politiquement finira de perdre la foi qu'elle perd déjà, à la place de croyances en l'Au-delà ; elle aura des opinions politiques, et le fana-tisme en politique est chose rare. La polique d'ailleurs aura sa part dans les conversations des fiancés et ce sera à eux ne ne pas s'épouser s'ils jugent que la divergence trop grande de leurs idées ne saurait permettre la vie commune.

La capacité civique n'éloignera en aucune façon la femme des occupations ménagères dans les-quelles les antiféministes veulent la confiner. La lecture d'un journal, quelques réunions en temps d'élections, telles sont les obligations de l'électorat, encore que la masse des électeurs se dispense des réunions. La fréquentation des offices religieux prend certainement plus de temps aux dévotes que n'en prendra aux citoyennes l'exercice de leurs droits politiques.

La conseillère municipale, la députée auront des existences plus occupées, mais elles ne sauraient être qu'en nombre infime. L'illogisme et la mau-vaise foi des antiféministes sont tels que dès qu'on leur parle de rendre les femmes éligibles, ils feignent de croire que tout le sexe aura à siéger dans les parlements et ils évoquent alors le spectre de la famille détruite. Si les députées et les con-seillères municipales de grandes villes pensent que leur situation ne leur permet pas de contracter mariage, elles ne se marieront pas ; cela ne fera pas baisser sensiblement la natalité, qu'on veuille le croire ; quant aux maris de celles qui contracteront mariage, il est fort probable qu'ils ne seront pas à plaindre ; on peut même prédire, à coup sûr, que les députées seront très recherchées en mariage pour une foule de raisons sur lesquelles il est inutile d'insister.

En réalité, le sentiment qui anime les antiféministes contre l'éligibilité des femmes, c'est l'orgueil masculin. Ils ne peuvent supporter l'idée de voir un jour des maris placés plus bas que leur femme dans la hiérarchie sociale. Qu'un homme soit chef de bureau et sa femme employée, passe encore ; mais voir une épouse dont la valeur soit jugée plus importante que celle de son époux, quelle honte ! Il faudra s'y habituer cependant.

Ainsi pris en eux-mêmes, les progrès du féminisme ne modifieront que très peu la famille ; car il n'est pas de situation sociale qui rende impossible pour une femme le mariage, même dans sa forme actuelle. La transformation de la famille sera surtout l'œuvre d'une lente évolution des idées et des mœurs.

Ce qui disparaîtra tout d'abord, ce sera l'autorité maritale.

Égale politiquement et économiquement à l'homme, traitée partout avec considération, la femme prendra peu à peu conscience de sa personnalité ; elle recherchera volontiers un compagnon, mais répugnera à se donner un maître. Elle ne pensera pas avoir envers son mari plus de devoirs qu'il n'en a envers elle ; mari et femme se rendront mutuellement des services, mais il n'y aura plus de ménagère, c'est-à-dire de servante.

L'élevage des enfants sera l'œuvre de tous les deux. L'homme ne saurait remplacer la femme dans la lactation ; mais on le voit très bien lessivant un lange pendant que sa femme emmaillote le petit, et cette image ne saurait choquer que ceux qu'aveugle l'orgueil mâle.

A la faveur de l'émancipation économique de la femme, on peut croire cependant que les ménages de travailleurs préféreront se décharger sur des professionnels des soins purement matériels que réclame la première enfance. Depuis des siècles, les femmes riches se sont affranchies de ces nécessités rebutantes ; elles en chargent les domestiques ; cela ne les empêche pas d'aimer tout autant que les mères pauvres leurs enfants. Dans la classe moyenne et dans la classe ouvrière, il ne saurait être question d'avoir la « nursery » des ménages fortunés ; mais ce qui ne peut être individuel peut être collectif. Dans les quartiers pauvres des grandes villes, la charité publique ou privée établit des crèches auxquelles les ouvrières confient leurs enfants pendant les heures de travail. Malgré l'insuffisance de tout ce qui est fait pour les misérables, les enfants sont à la crèche beaucoup mieux soignés que chez leurs parents; aussi accueillent-ils par leurs cris joyeux l'heure où ils sentent qu'on va les y porter. Qui empêche de créer des institutions similaires pour les gens aisés. Actuellement, la vie des employées et des fonctionnaires qui sont mères d'enfants en bas âge se passe en courses inquiètes du bureau au logis et du logis au bureau. C'est que les crèches ne sont pas faites pour leur rang social et que de plus, elles sont remplies de préjugés sur les devoirs de la mère vis-à-vis des enfants. Le seul devoir raisonnable est de s'arranger pour que l'enfant en bas âge soit en bonne santé ; ce résultat atteint, les moyens employés sont indifférents ; la personne qui nettoie l'enfant n'importe pas ; ce qui importe, c'est que l'enfant soit propre. Lorsque le travail de la femme mariée s'étendra davantage, ce genre de préjugés disparaîtra. Des industriels installeront pour le premier âge des établissements avec du confort, du luxe même ; les mères y mettront leurs enfants, et comme elles trouveront un grand avantage à cet arrangement, ce qui aura commencé par être l'exception deviendra vite la règle.

Après la crèche, il y a le collège. On a dit, je

sais, beaucoup de mal des internats, mais un internat n'est pas nécessairement un couvent, on peut autant qu'on le veut en ouvrir les portes. Les heures d'études écoulées, rien n'empêche de permettre aux parents de venir chercher leur enfant à leur gré. Doit-on passer la soirée hors de chez soi, l'enfant couche au collège ; doit-on rester au logis, on va l'y prendre la journée achevée.

L'internat a ses défauts, c'est certain, mais il a aussi ses avantages. Les enfants y ont le plaisir de la vie en commun, car ils préfèrent, cela est compréhensible, le commerce des sujets de leur âge à celui des grandes personnes. On représente d'ordinaire comme un jour de joie celui qui ouvre au collégien les grilles du collège et le rend à sa famille, mais on n'a guère en vue alors que l'enfant riche, pour qui les vacances se passent en voyages et en distractions de toutes sortes ; le pauvre boursier, lui, préfère le collège à sa famille.

On a reproché à l'internat de faire à l'enfant une vie artificielle qui n'a rien de commun avec les réalités qui l'attendent. Je répondrai que l'enfant a bien le temps de s'initier à ces réalités. Un peu d'idéalisme au commencement de la vie ne nuit pas.

Tout permet de croire que le mariage sera grandement modifié par l'affranchissement de la femme. Actuellement déjà, malgré la dépréciation morale que les préjugés réactionnaires font porter aux divorcées, le nombre des divorces augmente. Plus tard, le mariage sera rompu par le seul effet de la volonté de l'un des conjoints, sans même qu'il ait de motifs à alléguer. On exigera seulement, lorsqu'il y aura des enfants, que chacun des époux contribue pour sa part à leur entretien. Il en sera des relations sexuelles légitimes comme des amours et des relations d'amitié ; certaines dureront autant que la vie ; d'autres seront fugaces, mais en aucun cas elles ne donneront de droits ni à l'homme sur la femme, ni à la femme sur l'homme.

Si l'évolution se fait comme nous disons, il est évident que la famille cessera d'être la petite société fermée qu'elle est aujourd'hui. Notre père, notre mère, nos enfants continueront à nous tenir de plus près que le reste des hommes, mais ils ne seront plus guère que des amis. En contact avec un plus grand nombre d'autres esprits, l'esprit de chacun sera plus ouvert ; ayant beaucoup vu, on pourra mieux juger.

Les services que nous attendons de notre famille, la société pourra nous les rendre et beaucoup mieux. Dès aujourd'hui, le riche lorsqu'il est malade préfère les soins éclairés de la maison de santé, à ceux que lui donnaient ses parents. Les lois actuelles sur les retraites ouvrières, l'assistance obligatoire, toutes imparfaites qu'elles soient, montrent la tendance que prend de plus en plus la société à assumer vis-à-vis de l'individu les charges de protection qui autrefois incombaient à la famille. C'est la marche au socialisme, marche très lente, entravée qu'elle est par les privilégiés de l'ordre de choses actuel, mais marche sûre quand même, tout du moins permet de le penser.

Certes, le salut des générations futures doit être assuré, mais il est inique de leur immoler tout un sexe, c'est-à-dire toute une moitié de la génération présente. Au reste, sous couleur d'un sacrifice nécessaire à l'enfant, on a surtout jusqu'ici sacrifié la femme à l'homme. La société doit s'organiser de telle sorte que l'enfant puisse naître et prospérer sans que la femme ait rien à résigner du développement complet de son individualité.

CHAPITRE III

LE DROIT A L'AVORTEMENT

Le but naturel de l'amour, c'est la reproduction
de l'espèce. Les partisans des causes finales disaient
que la nature avait fait agréable l'acte sexuel, pour
inciter les individus à se perpétuer. Il ressort de
la théorie transformiste, qui est admise aujour-
d'hui et qui s'appuie sur nombre de faits de l'histoire naturelle, que seules ont pu persister, parmi
les espèces bi-sexuées, celles chez lesquelles l'union
des sexes a été un plaisir ; s'il a existé des espèces
bi-sexuées où les deux sexes n'avaient aucun
attrait l'un pour l'autre, elles ont dû nécessairement disparaître.

Cependant, si l'acte initial de la reproduction est
un plaisir, la reproduction elle-même est une peine
et le rejeton une charge. Les animaux qui n'ont
qu'une intelligence très inférieure se reproduisent
quand même, esclaves aveugles de l'instinct. Mais
l'espèce humaine, très supérieure à toutes les

espèces animales, fait dans la loi naturelle le départ de l'agréable et du pénible, et elle porte son effort à esquiver la peine, pour ne retenir que l'agrément.

Chez les peuples civilisés, le développement de la sexualité est hors de proportion avec les nécessités de la reproduction. Dans le mariage, bien que la descendance ntre en ligne de compte, l'acte sexuel est accompli infiniment plus souvent qu'il n'est nécessaire pour procréer, même une famille nombreuse. On le considère comme un besoin devant être périodiquement satisfait à l'égal des besoins de nourriture et de sommeil. Alors que chez les espèces animales le besoin sexuel n'apparait qu'à certaines époques de l'année, il est devenu constant chez l'homme.

Loin d'être restreint au mariage, l'amour le dépasse de beaucoup ; de la puberté à la vieillesse, l'homme s'y adonne largement, en dehors de tout lien conjugal, et de cette libre carrière donnée à la sexualité, le souci de reproduire est complètement banni. Lorsque l'enfant survient, c'est par accident, un accident que l'on déplore.

Tant que la femme est considérée comme un être inférieur, on peut dire que l'amour est réservé au sexe masculin. La femme n'est que l'instrument dont l'homme se sert pour jouir ; il la consomme comme un fruit. Par le mariage, et surtout par la maternité, la situation morale de la femme se relève ; en même temps qu'un objet, elle est aussi un peu une compagne intellectuelle et morale ; son rôle de maîtresse de maison, d'éducatrice des enfants, fait oublier son rôle sexuel. Mais hors mariage, le ménage et la maternité n'étant plus, la femme redevient l'instrument des passions animales. Selon le milieu social, on l'achète cher ou bon marché, on peut même se ruiner pour elle, mais toujours on la méprise ; elle est le vice que souvent l'on peut porter au pinacle, que l'on couvre de fleurs, mais qui reste quand même le vice.

La femme ne fait cependant pas qu'être désirée : elle désire ; l'instinct sexuel parle aussi en elle : mais la société ne lui donne aucun droit de se faire valoir. Son besoin d'aimer, la femme ne peut le satisfaire qu'en se mettant en tutelle matrimoniale à moins qu'elle ne préfère se vendre : alors, à la tutelle s'ajoute l'abjection.

Lorsque la femme commence à réfléchir sur sa condition, et lorsque, grâce aux carrières qui s'ouvrent devant elle, elle trouve la possibilité d'assurer son existence sans le secours de sa famille ou d'un homme, elle réclame, avec tous ses autres droits, le droit à l'amour.

Certes, l'amour physiologique n'a rien de relevé ; cependant relevé ou non, il est permis à l'homme, pourquoi le refuser à la femme ?

Qui, cependant, dénie à son sexe le droit à l'amour, en vient à se dire celle que l'habitude de penser dégage peu à peu du préjugé reçu ? La loi? Nullement. La seule barrière qui retient la femme dans la chasteté est une barrière morale, et les barrières morales sont faciles à briser; il suffit de le vouloir.

En réalité, les prescriptions de la loi non écrite ne sont pas sans puissance. La pratique de l'amour libre entraîne pour la femme toutes espèces de chagrins, du fait de l'opinion générale contraire. Les hommes sont sans respect; les familles ferment leurs portes. La femme, cependant, se résout de plus en plus à l'amour libre; elle préfère endurer le mépris et satisfaire ses sens, et puis, si l'émancipation économique est déjà en partie réalisée pour elle, la vie extérieure lui demeure encore fermée. Les lieux de distraction ne s'ouvrent pas à la femme seule, ou, s'ils sont ouverts, l'accueil qui lui est fait là est tel que son désir est de s'en aller au plus vite. Cependant, on ne peut pas toujours travailler, rester à coudre ou à lire dans sa chambre; aussi, pour pouvoir sortir, l'ouvrière, l'employée, la fonctionnaire, l'étudiante prennent des amants.

Les mœurs, d'ailleurs, évoluent un peu à cet égard, et ces femmes qui, pour être des amantes, ne sont pas des entretenues, contribuent à l'évolution. Elles ne se comportent pas, en effet, comme les autres, les prostituées ou demi-prostituées ; dans leurs relations, elles mettent une certaine dignité et chacun commence à comprendre que, bien qu'elle ait un amant, une femme peut quand même être « honnête », du moment qu'elle vit honorablement de ses revenus ou de son travail.

L'amour tend donc vers l'égalité, il n'est plus bien unique de l'homme ; la femme veut en prendre sa part, une part active. Le rôle féminin, pour être inverse du rôle masculin, n'est en aucune manière dégradant.

Cependant, un obstacle, d'autant plus puissant qu'il n'est pas d'ordre social, mais d'ordre naturel, se dresse devant la femme qui veut satisfaire sans entraves à sa sexualité : c'est l'enfant

La perspective de l'enfant replonge la femme qui s'était libérée par la culture intellectuelle ou le travail, dans toutes les servitudes du passé. Comment parler d'égalité en amour alors que, l'homme s'en allant libre, le besoin satisfait, la femme doit assumer la maternité. La maternité fait de l'amour une véritable duperie pour la femme. Par elle, la femme cesse d'être un individu conscient de sa dignité, pour tomber aux dégradations de la fille séduite. Esclave implorante, elle poursuit l'homme qui la délaisse ; elle lui demande pitié comme une vaincue.

Plus tard, lorsque l'émancipation économique sera

complète, être mère ne sera pas nécessairement une calamité pour la femme non mariée. La grossesse est pénible, l'accouchement est douloureux ; mais après on a l'enfant, qui est une source de plaisirs. La passion satisfaite, l'homme demeure seul *post coïto, animal triste) ;* la femme a l'enfant qui est de par les joies qu'il lui donne, comme la récompense de ses douleurs. L'enfant n'a rien à donner, il demande tout au contraire, mais en se dépensant pour lui, la femme gagne au lieu de perdre. Devant son enfant, elle se sent des responsabilités : la protection dont elle le couvre lui procure des joies en quelque sorte viriles. En veillant sans cesse sur lui, la femme s'oublie elle même et c'est un bien. Les malaises multiples sur lesquels elle s'appesantissait autrefois sont comme envolés ; elle est plus forte.

Mais alors même que le salaire de la femme lui permettrait d'élever seule un ou deux enfants, la maternité, pour ne pas être une servitude, ne doit pas lui être imposée. C'est à la femme seulement de décider si et quand elle veut être mère.

II

Les pratiques de la restriction volontaire des naissances sont, depuis longtemps, en usage courant dans les classes instruites et aisées. Si le riche a moins d'enfants que le pauvre, ce n'est ni parce qu'il est moins prolifique, ni parce qu'il s'abstient de rapports sexuels, c'est par le seul effet de sa volonté.

Aujourd'hui, à la grande terreur des conserva teurs, la limitation volontaire de la fécondité gagne le prolétariat. Les hommes de cette classe, moins énergiques que les riches. refusant, en général, de faire au moment voulu l'effort nécessaire pour ne pas rendre mère leur épouse ; les néo-malthusiens ont inventé, pour la préservation féminine, toutes sortes d'appareils et de produits, dont il se fait un commerce important dans les milieux syndicalistes et anarchistes. Souvent, les moyens préconisés échouent ; les ouvrières les emploient mal ; la nécessité d'y recourir méthodiquement à chaque rapport sexuel leur est à charge ; alors elles le négligent et elles deviennent enceintes. Néanmoins, la propagande néo-malthusienne a été efficace Non seulement l'élite des militants syndicalistes a relativement peu d'enfants, mais la masse ouvrière elle-même commence à en avoir moins qu'autrefois. Selon une statistique publiée par M. Bertillon, le nombre des naissances aurait grandement diminué depuis quelques années dans la population industrielle du Nord.

III

De succès à peu près constant lorsqu'on les applique avec soin, les moyens d'éviter la grossesse ne sont pas cependant absolument certains. Lorsque la femme, soit par sa négligence, soit par son ignorance, est devenue enceinte et qu'elle refuse la maternité, une deuxième voie lui est offerte : l'avortement.

L'avortement est aujourd'hui d'un usage général dans les grandes villes.

Les médecins le pratiquent peu. Poussés par les difficultés de la vie dans une carrière qui va s'encombrant de plus en plus, certains consentent, l'occasion se présentant, à délivrer de ci de là une cliente ; mais ils ne tirent pas de l'avortement un gros revenu, car l'occasion est rare.

Les sages-femmes en font davantage. Les patientes sont moins gênées pour se confier à elles dans ces sortes d'embarras ; leurs diplômes inférieurs, leurs manières plus familières que celles des médecins, mettent le public mieux à son aise.

L'avortement est surtout pratiqué à Paris par des agences, qui font à la quatrième page des journaux une publicité à peine déguisée. L'année dernière encore, on pouvait lire des annonces comme celle-ci : « Retard, moyen infaillible », et

l'adresse : pas de nom. Le mot « Retard » a fait
crier ; des poursuites ont été ouvertes ; aussi, à un
moment donné, tous les « Retard » ont-ils disparu
pour faire place à « Sage-femme, discrétion ».

La clientèle des accouchements ne nécessite pas
cette grande réclame, qui est d'ailleurs fort chère,
s'élevant parfois à 10.000 francs par an. Les personnes qui ont besoin d'une sage-femme pour
accoucher ne s'adressent pas aux journaux ; elles
la cherchent près de leur habitation, car l'accouchement ne saurait attendre. Parfois les agences
d'avortement escroquent leurs clientes. L'opérateur
introduit dans le vagin un instrument quelconque ;
la cliente paie et s'en va confiante. Rien n'arri-
vant elle retourne à l'agence ; on renouvelle la
comédie ; elle paie une seconde fois, et ainsi de
suite. Naturellement, personne ne se plaint, et
pour cause.

Les prix demandés sont très variables ; ils des-
cendent de 200 francs à 20 et même à 10 francs. On
m'a cité une maison qui délivre de la grossesse
pour ce dernier prix très modique ; les salons
d'attente ne désemplissent pas, du matin au soir,
de femmes et de jeunes filles.

Cependant, la plus grande part des avortements
n'est pas le fait de ces maisons ; les femmes ont
appris à se délivrer elles-mêmes et elles le font
couramment. Les moyens médicaux de guérir les

« Retards » sont aujourd'hui connus de tout le monde, et on peut dire que, dans les grandes villes tout au moins, il n'est pas une femme qui ne les ait employés une fois ou l'autre. Les moyens mécaniques sont également d'une pratique courante; les longues sondes intra-utérines que l'on voit partout aux vitrines des herboristes renseignent suffisamment à cet égard; car ces instruments en caoutchouc ou en os ne sont pas achetés par les médecins, qui emploient des instruments métalliques, plus facilement stérilisables.

Les femmes, d'ailleurs, ne font pas mystère de ces pratiques. Sur le palier des maisons ouvrières, chez le boulanger, le boucher, l'épicier, les ménagères les conseillent à leurs voisines que des maris brutaux autant qu'imprévoyants affligent de grossesses répétées.

L'avortement est quelquefois dangereux, mais uniquement parce qu'il est défendu; car l'opération qu'il nécessite est des plus bénignes. Si l'article 317 était aboli et que l'on permette aux médecins de délivrer, jusqu'à trois mois, de la grossesse, les personnes qui le leur demandent, il n'y aurait, on peut dire, jamais d'accident. Dans les cas rares de complications, un curettage utérin pratiqué ouvertement sauverait à peu près toutes les malades.

Le danger vient de l'ignorance des opérateurs.

J'ai rencontré, dans le Nord de la France, une marchande de fromage qui se vante de faire avorter les femmes avec leur canule à lavements. Elle éprouve pour l'antisepsie un dédain supérieur ; elle dit que les précautions d'ébullition et de lavage ont été imaginées par les médecins uniquement pour se donner de l'importance. On frémit en songeant au nombre d'infections que cette femme et ses pareilles, qui sont légion, doivent provoquer.

Parfois les accidents sont dus autant à la négligence qu'à la malpropreté. Dans certaines familles ouvrières, lorsque la femme est parvenue à se délivrer elle-même de la grossesse, on en profite pour négliger les précautions. C'est ainsi que des femmes se font avorter deux et trois fois par an avec des instruments, mal nettoyés. Naturellement, les métrites, les salpingites sont la règle. Il ne faut pas oublier que l'avortement ne saurait jamais être qu'un pis-aller.

Il est des cas où les accidents sont immédiatement très graves. La canule à lavements est malpropre, mais elle a l'avantage d'être mousse, ce qui n'est pas le cas des tringles à rideaux, des aiguilles à tricoter, des épingles à chapeaux, des tire-boutons, des tisonniers que les femmes emploient parfois pour se délivrer. En commettant ces imprudences, elles vont au-devant d'une péritonite mortelle.

L'avortement n'est plus, comme autrefois, un fait exceptionnel ; c'est, on peut le dire, la règle, et dans toutes les classes de la société. Aujourd'hui, la jeune fille de la bourgeoisie qui commet une faute » et devient enceinte ne songe plus au suicide ; elle songe à se faire avorter. Le plus souvent les parents ne remarquent rien ; comme la jeune fille a au moins une chambre pour son usage personnel, elle cache ses souffrances et fait disparaître les linges sanglants. Lorsque les douleurs sont par trop vives, la malade avoue tout à sa mère. La mère entre, tout d'abord, dans une colère violente, mais elle se calme, comprenant que, en somme, elle a autant d'intérêt que sa fille à ne pas parler. On appelle le médecin de la famille ; il diagnostique une hémorragie provoquée par de l'anémie, prescrit du repos et le père lui-même est dupe.

Dans le monde des petites fonctionnaires, des employées, des ouvrières, c'est le plus souvent l'amant qui propose l'avortement à sa maîtresse devenue grosse de ses œuvres. Il paie sans marchander le prix qu'on lui demande, c'est sa façon de « réparer ». Autrefois, il n'avait de choix qu'entre l'abandon... « lâche » et la reconnaissance de l'enfant. L'abandon était sans risque, la recherche de la paternité étant interdite ; aussi beaucoup de séducteurs s'y déterminaient-ils sans scrupules. Il y avait bien, il est vrai, la scène de rupture avec son cortège de supplications, de larmes et de menaces, mais on pouvait toujours se dérober. Pour ceux qui étaient affligés d'une conscience, et craignaient ses cris vengeurs, il y avait toujours moyen d'invoquer au sujet de l'effectivité de la paternité, un doute qui, on le sait, profite à l'accusé. Le petit nombre des jeunes hommes honnêtes et bons qui ne peuvent se résoudre à faire pleurer suivaient l'autre voie ; ils adoptaient l'enfant et épousaient la mère, mais que de déboires ensuite ; ils avaient souvent à expérimenter, à leur dommage, le peu de vérité du proverbe, d'après lequel la vertu est toujours récompensée. Jenny l'ouvrière est gentille à vingt ans, avec sa robe bâclée et son chapeau à fleurs. Ses ignorances, la vulgarité de son langage, ses grossièretés mêmes, semblent charmantes à l'étudiant au bras duquel elle part pour la promenade. Dans son orgueil mâle, il a plaisir à dominer cette belle enfant de son éducation supérieure et de sa caste. Mais comment, ensuite, introduire dans son milieu à lui cette « ménagère » élevée pour un milieu tout autre. Les bourgeoises ne sont pas tendres, elles feront sentir cruellement à la pauvre intruse tout ce qui lui manque ; si bien que celle-ci préférera s'isoler et isoler son mari. Combien de jeunes hommes, pour avoir ainsi cédé à la justice et à la bonté, ont dû renoncer aux situations brillantes auxquelles leurs capacités leur permettaient d'espérer, retenus dans la médiocrité par leur mariage.

L'avortement permet aux amants de se montrer généreux à peu de frais ; aussi insistent-ils pour que leur maîtresse s'y résolve. Je t'ai aimé, tu m'as aimé, dit le jeune bourgeois à la petite ouvrière, nous avons passé ensemble des moments agréables. Il est vrai que je t'avais rendue enceinte, mais je t'ai fait avorter, nous sommes quittes.

Les femmes, elles, préféreraient avoir l'enfant pour tenir l'homme, pour tâcher de l'amener au mariage, tout au moins pour en tirer une aide pécuniaire pendant de longues années. Mais l'amant insiste et la femme finit par céder, craignant d'avoir la charge sans la compensation escomptée.

L'avortement ne se limite pas aux amours illégitimes ; les gens mariés le pratiquent constamment. Parfois, c'est la première grossesse que l'on interrompt ; elle est venue trop tôt, les époux veulent avoir quelques bonnes années devant eux pour jouir de la vie ; on remet les enfants à plus tard. Le plus souvent, on ne se résout à l'avortement qu'à la troisième ou à la quatrième grossesse. On a vu venir avec plaisir le premier enfant, on a accepté le deuxième, on s'est résigné au troisième, mais on refuse absolument le quatrième. Le fonctionnaire, l'employé, le petit commerçant aisé tiennent à bien élever leurs enfants ; ils veulent que, si possible, leurs descendants arrivent à un rang social supérieur au leur, tout au moins à un rang égal. L'ouvrier d'élite n'a pas, sauf les cas exceptionnels, cette préoccupation de l'éducation ; mais il veut pouvoir jouir d'un bien-être relatif. M. Bertillon prétend, dans son livre récent sur la dépopulation, que le grand nombre d'enfants n'est pas une cause de misère. C'est une erreur, la plus simple arithmétique montre qu'il faut moins d'argent pour nourrir trois personnes que pour en nourrir six, et l'observation des milieux ouvriers montre l'aisance relative là où la fécondité est limitée et la misère partout où l'on a beaucoup d'enfants. Un ménage ouvrier de un ou deux enfants a, en moyenne deux pièces propres, un mobilier confortable, des vêtements, du linge, une nourriture suffisante : il paie son loyer, n'a pas de dettes et fait même des économies. L'ouvrier prolifique est logé dans un taudis : faute de pouvoir payer, il déménage tous les termes, ou croupit dans la saleté, et le salaire ne suffisant pas, le ménage a recours constamment à la charité publique ou privée.

Les prolétaires à nombreux enfants sont des demi-mendiants : la femme va solliciter aux mairies, dans les institutions religieuses de charité. Pour se faire payer un terme, elle feint la dévotion, envoie ses enfants à l'église; elle supplie pour quelques bons de pain ou de charbon, pour des hardes.

A vrai dire, il n'y a pas seulement ici une question d'arithmétique. La restriction volontaire n'est pas la seule cause du bien-être et la prolificité le seul agent de la misère. Bien-être et restriction tiennent l'un et l'autre à des qualités de prévoyance et d'ordre. C'est parce que l'on est prévoyant qu'on limite le nombre de ses enfants, et cette prévoyance, on l'applique, en outre, à l'administration de son ménage. Grâce à cette qualité, on jouit d'un bien-être relatif que vient encore augmenter la restriction du nombre des enfants. De même, la prolificité, qui est une cause de misère, est elle-même un effet du désordre et du laisser-aller, autres causes de misère.

C'est donc surtout pour des raisons économiques que, dans la classe moyenne et dans la classe pauvre, on a recours à l'avortement. Il se décide, en général, d'un commun accord, dans l'intérêt du ménage. Parfois, dans la classe ouvrière, la femme en assume seule la responsabilité; le mari, abruti d'alcool, se soucierait peu d'avoir une nombreuse famille, mais la femme, qui est sobre, et plus raisonnable aussi, ne tient pas à accroître ses charges, déjà si accablantes. Être grosse, en outre, n'a rien d'attrayant pour elle: elle s'enquiert donc des moyens de faire « passer ça », suivant son expression, et le plus souvent elle y arrive.

Grâce à l'avortement, des situations, qui ne pouvaient se dénouer autrefois que par une tragédie, sont aujourd'hui presque simples. Une de mes amies, femme de lettres connue, avait pendant de longues années attendu auprès de sa mère le mariage. Elle avait une cinquantaine de mille francs de dot, et elle voulait un mari de son éducation et de son rang social ; elle n'en trouva pas, et à trente ans, elle prit un amant. Intelligente, instruite, un peu libérée des préjugés de son milieu, elle savait de l'amour tout ce qu'on peut en apprendre par les lectures et les conversations ; elle connaissait les pratiques néo-malthusiennes, mais tout cela était naturellement théorique. L'amant qu'elle prit lui assura qu'avec lui la grossesse n'était pas à craindre, elle le crut ; au bout de deux mois de liaison, elle était enceinte. Elle songea d'abord à l'avortement ; mais les allures mystérieuses des personnes auxquelles elle s'adressa l'effrayèrent ; elle craignit de mourir baignée dans son sang, comme la jeune personne du roman de Zola, *Fécondité*, et, après bien des tergiversations, elle finit par avouer son état à sa mère. La mère, une bourgeoise toute aux idées de sa génération, mit sa fille à la porte, en pleine nuit, et la malheureuse dut aller à pied, en cheveux et sans argent, du quartier de l'Étoile au quartier Latin, où je demeurais, pour me demander l'hospitalité. Par malheur, je n'étais pas chez moi : elle s'en fut donc à La Chapelle, chez une autre amie, qu'elle trouva, celle-là, enfin, après avoir marché toute la nuit. Au bout de quelques jours, la mère envoya de l'argent à sa fille, mais elle joignit à son envoi un flacon de laudanum, en lui conseillant de le boire, pour échapper au « déshonneur ».

Ces drames de la grossesse sont, par leur fréquence, la banalité même. Telle, pour ne pas être déshonorée, se suicide, telle autre tue son enfant, telle autre, jeune ouvrière, jeune bonne, fille de ferme, chassée par le patron, tombe dans la prostitution. Grâce à l'avortement, ces dénouements terribles diminuent de fréquence ; il n'y en aura plus lorsque la loi, cessant de faire de l'avortement un crime, reconnaîtra à la femme le droit de n'être mère qu'à son gré.

IV

L'infanticide est un crime. Par le seul fait qu'il est né, l'enfant doit être respecté, et il n'est pas plus permis de le supprimer qu'il n'est permis de tuer un adulte. Sa faiblesse, loin de donner des droits sur lui, doit lui être, au contraire, une sauvegarde, dans un pays civilisé.

La femme qui met un enfant au monde n'est pas obligée de l'élever. En l'élevant, elle fait une bonne action, mais à cette bonne action, on ne saurait la contraindre. Par contre, elle n'a le droit ni de supprimer son enfant, ni de lui nuire; son devoir, lorsqu'elle ne veut pas l'élever, est de le remettre à la société, qui assure à sa place la nourriture et les soins au nouveau membre. Les avocats des infanticides allèguent pour la défense de leurs clientes les heures de torture que les coupables ont dû endurer, seules dans une chambre étroite, mordant leurs draps de crainte de laisser échapper une plainte, l'affollement que provoque ensuite la crainte des cris révélateurs du nouveau-né.

D'ordinaire le jury acquitte, et il a raison, car le grand coupable est, à cet égard, le préjugé social, qui ne permet pas à la femme d'être mère hors mariage; mais lorsqu'il s'agit d'infanticide, il ne saurait être question d'autre chose que de clémence, car bien que le crime soit excusable, il y a crime.

L'avortement, lui, n'a pas à plaider les circonstances atténuantes; la femme peut l'avouer hautement, car c'est son droit. Sur une route déserte, une femme rencontre un rôdeur; il se jette sur elle, la viole, et elle devient enceinte. Oserait-on soutenir qu'elle a pour obligation de conduire la grossesse jusqu'au bout ? Ce serait ravaler la femme au rang d'une chose dont l'homme, si ignoble soit-il, aurait le droit d'user et d'abuser; or, à l'égal de l'homme, la femme est une personne.

Lorsque la femme a accepté les rapports sexuels, l'évidence de son droit à refuser la maternité est moins criante, mais elle reste entière. L'enfant qui est né est un individu, mais le fœtus au sein de l'utérus n'en est pas un ; il fait partie du corps de la mère.

Je disais plus haut qu'en bonne justice, on ne peut forcer une mère à donner des soins à son enfant; de même, on ne saurait forcer une femme à abriter et à entretenir le germe que contient son utérus; or, du moment qu'elle ne veut pas l'entretenir, elle n'a d'autre moyen que de l'expulser. On ne saurait assimiler un germe à un individu ayant droit à la vie, sans tomber dans l'absurdité. L'homme, comme la femme, recèle des germes ; faudra-t-il l'obliger à n'en perdre aucun, à les utiliser tous pour la fécondation ?

Si c'est seulement l'ovule fécondé que l'on assimile à un individu, l'arbitraire est patent, car, alors qu'on sera taxé de criminel en arrêtant l'ovule fécondé dans son développement, on ne le sera pas en rendant la fécondation impossible, et cependant, dans l'un comme dans l'autre cas, le résultat est identique : on empêche un être humain de venir au jour.

En bonne logique, comme en bonne justice, c'est la naissance qui doit être le critérium de l'individualité. Tous ceux qui sont nés ont droit à la protection sociale ; ceux qui ne sont pas nés n'existant pas, la loi n'a pas à s'en occuper. La femme enceinte n'est pas deux personnes, elle n'en est qu'une, et elle a le droit de se faire avorter, comme elle a le droit de se couper les cheveux, les ongles, de se faire maigrir ou engraisser. Sur notre corps, notre droit est absolu, puisqu'il va jusqu'au suicide.

C'est seulement sur l'époque de l'avortement que l'on doit insister, et plutôt sous forme de conseils que sous celle de pénalités, qui sont toujours arbitraires puisqu'elles portent atteinte au droit sacré de la personne sur elle-même. Un avortement pratiqué à six mois est une vilaine opération. Expulsé, le fœtus donne des signes de vie, il respire, s'agite, pousse des cris, il ne vit, il est vrai que pour quelques heures, mais, quandmême, l'avortement dans ces conditions a déjà les apparences de l'infanticide. La femme doit être assez raisonnable pour savoir dès le début de sa grossesse, si elle veut ou ne veut pas de la maternité.

L'avortement étant permis, le corps médical, d'un accord tacite, le pratiquerait jusqu'à trois mois. Après trois mois, les femmes assez insouciantes pour ne pas s'être encore déterminées, se verraient refuser l'intervention des médecins. Il ne leur resterait plus qu'à s'adresser aux matrones, à leurs risques et périls.

Certains adversaires de l'avortement déclarent qu'une femme qui a accepté un homme a pour devoir de mener sa grossesse jusqu'à la fin, parce qu'il faut supporter les conséquences même pénibles d'un plaisir. C'est là au fond une idée religieuse ; les religions chrétiennes, considérant que nous ne sommes sur la terre que pour souffrir, enseignent que le plaisir est toujours une faute, dont la peine est le châtiment. Nombre d'esprits, même parmi ceux qui semblent dégagés de toute religion, sont encore imbus de cette idée ; elle remplit nombre de romans et de pièces de théâtre. Cependant, la vie nous montre que c'est une idée fausse. Supporter une peine que l'on peut éviter, pour courir à je ne sais quelle compensation résidant quelque part est pure chimère, chimère qui fait une vie sans joie à ceux qui en sont hantés.

V

Le seul argument sérieux à opposer à l'avortement, c'est la raison d'État.

La diminution continue du nombre des naissances est un fait, et nombre de gens s'en alarment. S'alarment-ils avec raison, nous le verrons plus loin.

Ce qui est sûr c'est que la reconnaissance du droit à l'avortement ne causerait pas au pays des pertes bien regrettables.

L'enfant dont on a empêché la naissance n'est pas à regretter. On ne le désirait pas, au grand banquet de la vie, comme aurait dit Malthus, il n'y avait pas de place pour lui; il aurait traîné une existence misérable. Certes, on ne sait jamais: tel qui naît malchanceux peut rencontrer des hasards plus heureux; mais pour l'ordinaire, l'enfant né contre la volonté de ses progéniteurs, fils ou fille de la séduction, de l'adultère, de la misère a toutes les chances d'aller grossir les effectifs de la prison ou de l'hôpital.

En situation normale, tant qu'il n'y a pas péril certain et imminent pour un pays, la raison d'État n'est jamais une bonne raison. Avant tout, c'est l'individu qui est sacré, et du moment qu'il ne lèse pas les autres, sa liberté doit être entière; il a le droit absolu de vivre à sa guise, de procréer ou de ne pas procréer.

En voulant, dans un intérêt national, mettre un frein aux libertés individuelles, on fait toujours plus de mal que de bien.

CHAPITRE IV

La Dépopulation est-elle un mal?

Pour la presque unanimité de nos contemporains la réponse à la question de savoir si la dépopulation est un mal ne souffre aucune hésitation ; car ils font de la dépopulation un véritable fléau social. Les uns, voyant en elle un péril extrême, proposent des remèdes énergiques ou supposés tels ; la grande masse, qui ne prend jamais rien au tragique pense que tout de même, d'une manière ou d'une autre «cela s'arrangera» puisque jusqu'ici «cela s'est arrangé». Les gens d'opinion avancée considèrent la dépopulation comme l'effet inévitable de causes difficiles à enrayer et ils préfèrent n'en pas parler ; mais ils la déplorent au fond tout autant que les conservateurs.

La dépopulation cependant loin d'être un mal est un bien essentiel ; corollaire de l'évolution générale des êtres, elle est l'expression de la victoire de l'individu sur l'espèce.

Aux degrés inférieurs de l'échelle biologique l'individu n'est rien, seule l'espèce compte. Innombrables sont les germes chez les végétaux. Le vent, secouant les reproducteurs, disperse la semence sur des étendues très vastes ; et parmi ces germes répandus ainsi à profusion la presque totalité meure ; c'est une poussière de vie anéantie par les éléments. Énorme encore est la mortalité parmi la portion restreinte des germes élus qui réussissent à trouver un terrain de développement. La petite plante, déracinée par les vents, les eaux, broyée par les pierres, foulée ou dévorée par les animaux, est le plus souvent détruite. L'espèce cependant dure, elle pullule même parce que si les causes de destruction sont nombreuses, la reproduction est assez intense pour leur résister.

Même importance de l'espèce chez les animaux inférieurs. La durée de la vie des insectes est éphémère ; détruits par masses ils restent cependant innombrables parce que chaque individu en reproduit des milliers d'autres. C'est en vain que l'insectivore passe la bouche ouverte au milieu d'un essaim de mouches. Il en avale des centaines et cependant lorsqu'il est passé, l'essaim continue de bourdonner en tournoyant dans l'air ; on dirait qu'il ne s'est en rien aperçu de la catastrophe et à l'œil il apparaît tout aussi nombreux qu'auparavant.

A mesure qu'on s'élève dans la hiérarchie animale, on voit l'individu croître en valeur aux dépens de l'espèce qui décroît. Les mammifères, les plus élevés parce que les plus complexes se reproduisent peu relativement aux animaux inférieurs et leur vie individuelle est plus longue.

Entre les différents ordres mêmes ; il semble également que la prolificité soit en raison inverse du développement évolutif ; les rongeurs ont des portées de dix petits et plus ; celles des carnassiers ne dépassent guère quatre ou cinq. Le fait, à vrai dire, ne se vérifie pas dans toutes les familles ; les ruminants, les équidés n'ont qu'un seul petit quoique au point de vue cérébral ils soient au-dessous des carnassiers ; évidemment d'autres causes interviennent

Mais en thèse générale l'antagonisme de l'espèce et de l'individu éclate dans la nature entière. Le singe, l'animal le plus élevé après l'homme n'a qu'un petit à la fois.

Même antagonisme dans l'humanité. Chez les peuples sauvages ou barbares, la vie individuelle est courte et la reproduction intense. La femme, nubile de très bonne heure, est constamment ou bien enceinte ou bien nourrice, souvent elle est l'un et l'autre à la fois. A trente ans, fanée, ridée, elle est déjà vieille.

Chez les peuples civilisés, la reproduction diminue

et elle diminue d'autant plus que la civilisation est plus intense. Les pays du nord de l'Europe où la culture intellectuelle est relativement élevée comme la Suède, le Danemark, la Norvège, la Hollande, la Belgique, l'Angleterre, ont une faible natalité. Les pays latins où l'on est moins énergique, plus routinier, ont une natalité forte. La Russie, dont le vaste territoire recèle des millions de paysans à demi-sauvages, a la plus forte natalité de toute l'Europe.

Partout où la natalité est élevée la mortalité l'est aussi ; le milieu étant inférieur, l'individu n'importe pas, seule l'espèce a de l'importance. C'est en Russie, nous l'avons vu que l'on naît le plus. Eh bien, c'est là également que l'on meurt le plus. Brute inconsciente, l'être humain procrée sans cesse aux appels de l'instinct, insoucieux de procréer pour la mort. En Suède et en Norvège où l'on naît peu, la mortalité est la plus faible ; plus intelligent, l'individu prend conscience de sa personnalité et il veut vivre.

BARBARIE =

FORTE MORTALITÉ = FORTE NATALITÉ (1)

*Nombre des décès comparé au nombre des naissances
par 1.000 habitants*

	NAISSANCES	DÉCÈS
Autriche............	37,6	27,0
Hongrie............	40,6	29,9
Allemagne............	36,1	22,2
Prusse	37,0	21,9
Espagne............	35,1	29,8
Italie	34,6	24,1
Serbie	39,3	26,2
Russie	47,5	36,4

CIVILISATION =

FAIBLE MORTALITÉ = FAIBLE NATALITÉ

*Nombre des décès comparé au nombre des naissances
par 1.000 habitants*

	NAISSANCES	DÉCÈS
Irlande.....	22,8	18,1
Suède............	27,2	16,1
Suisse	28,7	19,4
Belgique	28,8	19 »
Angleterre............	30,1	18,2
Danemark	30,3	17,5
Norvège............	30,5	16,3
Ecosse............	30,6	18,6
Finlande............	32,3	19,5
Pays-Bas............	32,5	18,1

1. Ces chiffres sont tirés du livre de M. Bertillon : *la Dépopulation de la France.*

4.

Le parallélisme de la dépopulation et de la civilisation se vérifie également lorsque, bornant ses recherches à un seul pays, on compare entre elles des régions ou des catégories sociales. Les paysans de Bretagne qui sont en général ignorants, malpropres et alcooliques ont fréquemment dix, douze voire même quinze enfants et parmi tous ces rejetons la mort fauche à grands coups. Les femmes, bien qu'elles soient aussi bonnes mères là qu'ailleurs, se consolent très vite de ces deuils. Elles disent de l'enfant disparu que « c'est un ange de plus dans le ciel ». Au reste, tant qu'elles sont encore en âge, il est rare qu'elles ne portent pas dans leur sein un autre petit prêt à venir remplacer celui que selon leur expression « Dieu vient de leur prendre ».

Même intensité de reproduction dans les centres industriels. L'homme, vraie bête à travail, n'a pas le temps de penser : le verre d'alcool et l'acte sexuel sont les seuls plaisirs de sa vie, aussi s'y livre-t-il sans contrainte. Naturellement la mortalité infantile est forte comme la natalité. La mère, ignorante, nonchalante, misérable est presque aussi fruste que son mari et les enfants croissent au petit bonheur dans la malpropreté où leurs parents croupissent. La loi de Darwin sévit, brutale ; tout ce qui est faible succombe ; seuls les forts, vrais rescapés, doublent le cap redoutable du premier âge.

Leur triomphe d'ailleurs est très relatif ; la nourriture insuffisante et mauvaise, le manque d'hygiène, l'alcoolisme, le travail continu et exténuant auront vite raison de cette élite créée par la sélection naturelle. La vie moyenne qui est de plus de cinquante ans dans la bourgeoisie atteint à peine trente ans dans la classe ouvrière. Les maladies infectieuses, la tuberculose, les affections engendrées ou aggravées par l'alcool emportent la jeunesse et l'âge mûr ; à cinquante ans l'homme, tremblant, radotant, n'est plus qu'une épave. Mais la grande cité, les soirs de paye, emplit quand même les échos de sa gaîté ; les concerts, les cinématographes, les marchands de vin regorgent de monde ; les amoureux longent enlacés les trottoirs ; les ivrognes titubent en beuglant à la sociale. Tous, l'heure venue rentrent dormir et faire encore des enfants, qui à leur tour se condamneront à cette vie nauséeuse pour que puisse prospérer dans les splendeurs matérielles et les lumières intellectuelles l'enfant unique du riche dont le bonheur est fait de leur misère

Ainsi tant que l'homme reste inculte et misérable, la loi naturelle le domine ; l'individu s'efface devant l'espèce, on naît beaucoup, on meurt beaucoup.

Dans les classes dirigeantes l'espèce perd de son

importance; on ne reproduit plus que très peu; une famille nombreuse est une tare pour laquelle l'homme encourt le mépris tacite de son entourage. Très rare est le ménage de trois enfants; on n'en a guère que deux, souvent un seul.

Mais les enfants sont entourés de soins tels que bien peu meurent. Non seulement on fait vivre ceux qui naissent bien constitués, mais les malingres, les dégénérés, les malades vivent quand même et parviennent le plus souvent à faire des adultes passables.

L'adulte dans ces milieux privilégiés est très longtemps vigoureux; la force, la souplesse du corps, l'activité intellectuelle se conservent tard et l'on meurt vieux. C'est le triomphe de l'intelligence sur la nature; l'espèce de la première place passe à la seconde supplantée par l'individu.

Aussi, dans leur pratique personnelle, les partisans de la repopulation qui appartiennent presque tous aux classes dirigeantes sont-ils loin de s'inspirer des idées qu'ils défendent. La restriction volontaire des naissances qu'ils dénoncent comme un crime leur apparaît si bien comme un avantage qu'ils la pratiquent largement. Une étude récente portant sur cent personnalités connues à Paris comme ayant écrit pour la repopulation a donné une moyenne d'environ un demi-enfant par ménage. Beaucoup n'en ont pas, un certain nombre en ont un, très peu en ont deux. Si la France entière suivait non pas la théorie, mais la pratique de ces repopulateurs, elle irait tout droit à sa disparition totale. M. Arsène Dumont, un démographe mort depuis quelques années, a écrit plusieurs ouvrages où il vitupère passionnément la dépopulation ; il n'avait pas d'enfant, il était d'ailleurs célibataire.

II

La France ne se dépeuple pas, loin de diminuer même la population augmente ; seulement elle augmente moins vite que chez les autres nations européennes ; la dépopulation n'est que relative.

Ce qui diminue d'une manière absolue, c'est la proportion des naissances ; mais, comme elle reste encore supérieure à celle des décès, la population croît. Dans les pays qui entourent le nôtre, la population croît plus vite que chez nous, mais le nombre des naissances ne croît pas ; *il diminue au contraire, tout comme en France*, seulement il diminue plus lentement.

LE NOMBRE DES NAISSANCES
DIMINUE PARTOUT

Sur 1.000 habitants, combien de naissances

Allemagne	1841-1850	36,1	État stationnaire.
—	1891-1900	36,1	
Autriche	1866-1870	39,7	Diminution.
—	1891-1900	38,9	
France	1841-1850	27,2	Diminution.
—	1891-1900	22,2	
Iles Britanniques.	1864-1870	33,7	Presque autant de diminution qu'en France.
— .	1891-1900	28,7	
Italie	1863-1871	37,6	Diminution.
—	1891-1900	34,6	

Le grand facteur de la dépopulation est tout à l'honneur des peuples ; c'est le développement de l'intelligence et du bien-être.

Nous l'avons vu. partout où il y a misère et ignorance, les enfants sont nombreux. La Bretagne, le Plateau Central, la Corse, pays arriérés ; les départements du Nord où abondent les usines, la région industrielle du Creuzot ont une forte natalité. La Normandie, la Bourgogne, la Champagne, le Bordelais, pays prospères, ont une natalité faible. L'homme inculte et misérable est insoucieux de l'avenir. Incapable de dominer ses instincts, il a tous les enfants qui veulent bien venir. Mais pour le paysan riche et aisé, pour le

commerçant, le fonctionnaire, c'est chose grave
que mettre un enfant au monde. Le paysan se fait
un point d'honneur d'accroître son patrimoine ; il
ne veut pas qu'à sa mort le coin de terre arrondi
au prix de tant de privations soit coupé en trop de
morceaux. Certes, lui aussi est peu cultivé ; mais
la propriété en lui conférant une responsabilité fait
que bien qu'il lise moins les journaux, il est plus
intelligent que l'ouvrier d'usine. Le fonctionnaire,
l'employé, le commerçant, n'ont pas de terre à
accroître, mais ils veulent assurer à leurs enfants
une éducation suffisante. L'ouvrier, dans sa non-
chalance, son insouciance coupable, dit volontiers :
« Mes enfants feront comme moi, ils se débrouil-
leront. » L'homme des classes moyennes sait bien
que souvent on ne se débrouille pas ; et il se refuse
à enfanter pour la misère.

Les partisans de la repopulation ont en général
des opinions politiques rétrogrades. Grands prô-
neurs de la hiérarchie sociale dont ils occupent
le sommet, ils sont pour la religion et contre
l'instruction du peuple. Les écrits sur la repopulation manquent rarement de signaler l'heureuse
influence de la religion sur la fécondité, influence
très réelle certes, la religion marchant *pari passu*
avec l'ignorance. M. Arsène Dumont, lui, n'était
pas religieux ; il appartenait à la bourgeoisie anti-
cléricale, aussi arrogante que l'autre. Il deman-

dait que l'on instituât, dans le but d'enrayer la dépopulation, des fêtes civiques; escomptant les beuveries à la faveur desquelles les prolétaires pourraient oublier d'être prudents.

Il faut le reconnaître, en préconisant la fécondité, les partisans de la hiérarchie sociale sont logiques. La surpopulation va avec l'ignorance, avec la crédulité, or, s'il est facile de vivre luxueusement aux dépens d'un peuple ignorant qui est en général timide, cela est beaucoup moins aisé lorsque le peuple plus cultivé devient frondeur et demande des comptes.

Les formes modernes de la domination étant surtout économiques; le seigneur d'aujourd'hui, grand industriel, tient à ce que ses ouvriers soient prolifiques. Les grèves sont moins à craindre quand le père et la mère ont beaucoup d'enfants à nourrir; quand dans chaque corporation une nombreuse réserve de chômeurs est prête à prendre la place des grévistes éventuels. La Belgique, pays à population très dense, est un pays à bas salaires; aussi de nombreux ouvriers belges viennent-ils travailler en France. M. Bertillon, dans son livre sur *la Dépopulation de la France*, dit que la diminution de la natalité n'élève pas lessalairesparce qu'elle est compensée par l'immigration. C'est très exagéré. L'immigration comble un certain nombre de vides, il est vrai, la loi

hydrostatique des vases communiquants se retrouve en sociologie ; mais l'équilibre ne s'établit que très lentement. Changer de pays présente de grandes difficultés ; il faut apprendre une langue nouvelle, quitter les siens ; aussi le nombre de ceux qui s'y résolvent est-il relativement minime ; il ne saurait suffire, avant de longues années tout au moins, à annihiler le bon effet produit sur les conditions du travail par une natalité restreinte.

Les contempteurs de la dépopulation exaltent la guerre, c'est encore logique, la guerre renforce l'autorité. Tant que le peuple est occupé à la guerre, ses révoltes ne sont pas à craindre. Éternel dupé, il oublie ses légitimes griefs contre les classes dirigeantes ; il ne songe plus qu'à la patrie en péril ne comprenant pas que, en régime capitaliste, la patrie n'est une réalité que pour les riches ; lui pouvant être sûr de trouver toujours, quelque soit le nom et le gouvernement du pays, son taudis et son travail. La guerre fait vivre la masse d'une vie plus intense ; toutes ses passions, les bonnes et les mauvaises trouvent en elle leur aliment. Le besoin d'émotions est satisfait par la nouvelles incessantes qui arrivent du lieu où l'on se bat. A la haine on donne en pâture l'ennemi ; la presse ne tarit pas sur ses ridicules, ses défauts, ses crimes ; l'admiration va aux chefs militaires victorieux. Si l'issue définitive est heureuse, le peuple fait au gouvernement une confiance unanime ; les dirigeants sont tranquilles pour des années. Aussi la conception de la guerre comme moyen de diversion à une situation politique ou sociale inquiétante a-t-elle de nombreux défenseurs dans la classe riche, et si on ne la met pas plus souvent en pratique, c'est que les gouvernants, mieux informés des sentiments populaires que les particuliers savent que les choses ne sont plus aujourd'hui ce qu'elles étaient autrefois. C'est jouer gros jeu qu'entreprendre une guerre, sait-on si au lieu de la diversion que l'on espère, elle n'apportera pas une révolution ?

Placés à la tête du pays avec tous les avantages que la situation procure, les riches envisagent le problème de la dépopulation au point de vue national. A ce point de vue il est certain que, immédiatement tout au moins, la dépopulation est un désavantage ; elle met en état d'infériorité le pays tant pour les choses militaires que pour la diffusion des idées et des produits industriels. M. Bertillon signale le fait et le déplore ; les conséquences néfastes qu'il en infère sont très exagérées, mais le fait n'est pas niable. Seulement cet auteur, aveuglé par ses opinions conservatrices, ne voit pas qu'en face de la nation, il y a l'individu et la classe.

En principe, l'individu doit passer après la patrie ; mais on a vu en ce qui concerne la fécon-

dité, combien peu les hommes des classes dirigeantes tiennent compte du principe ; ils entendent
seulement dicter aux pauvres un devoir qu'ils
négligent eux-mêmes de remplir. Quant à la classe,
les pauvres montreraient une grande ignorance
en faisant passer la patrie avant elle.

Le dévouement à la patrie ne leur donnerait
qu'une vaine gloriole, tous les avantages seraient
pour les riches, le dévouement à la classe peut
amener des améliorations notables à leur situation.
Que l'intérêt de la nation veuille la fécondité,
c'est possible ; mais comme pour les prolétaires la
nation est secondaire, ils préfèrent servir leur intérêt individuel et leur intérêt de classe, or tous les
deux demandent la dépopulation.

III

Lorsque l'on se place non plus au point de vue
étroit d'une nation dressée en rivale contre toutes
les autres, mais au point de vue de l'humanité, la
dépopulation n'est pas un mal. Celui qui vit veut
vivre en général, mais ceux qui ne sont pas né ne
demandent pas à naître ; il n'y a donc aucune
raison pour forcer à l'égard de la reproduction
nos désirs et nos intérêts.

La vie en soi n'a pas de but, les religieux ont
raison, tout est vanité ; mais quand on ne croit

pas à la vie future, on a besoin, pour supporter celle-ci, de travailler pour quelque chose, ne serait-ce que pour une illusion. Aux grands actifs, il faut un but à leur taille, l'ambition de dominer, l'espoir de jouer un rôle important dans la société, le désir de susciter l'admiration des autres remplissent leur existence. Mais le commun des hommes ne saurait être animé de passions pareilles, aussi ont-ils besoin pour utiliser la part d'activité que n'accapare pas le soin de leur propre conservation, de travailler à la mise au point de la génération suivante.

L'éducation des enfants est le grand intérêt de la vie. Fixés dans un rouage social, les parents mettent en leurs enfants les espoirs qu'ils n'ont pu réaliser pour eux-mêmes. Ils y mettent aussi leur orgueil ; l'homme le plus laid, le plus sot, est fier d'avoir un enfant « qui lui ressemble ».

En outre, l'éducation des enfants satisfait un certain nombre de besoins moraux ; besoin d'aimer et de protéger, besoin de diriger ; celui à qui tout le monde commande dans la société, commande à son tour dans la famille ; la femme, elle-même, opprimée par la société et par son mari, exerce son autorité sur ses enfants. L'enfant est donc une trop grande force pour qu'il soit à craindre que la dépopulation conduise l'humanité à un suicide ; elle peut être transitoirement un péril national, elle n'est pas un péril humain.

La restriction volontaire des naissances est une conquête de l'esprit sur la nature ; elle est la victoire de l'intelligence sur l'instinct brutal. De cette victoire les riches seuls voudraient se réserver les bénéfices, ils ne le pourront pas, les pauvres y participeront.

M. Bertillon vante la solidarité des familles nombreuses où les enfants peuvent sans trop de charges assurer à leurs parents le pain des vieux jours ; mais il ne cite que des cas particuliers que, de plus, il emprunte aux classes moyennes, à ses exemples on peut riposter par d'autres ; le paysan de la « Terre », spolié jusqu'au dernier sou par ses enfants et réduit à mourir de faim et de froid, errant sans asile sur ses propres terres, n'existe pas seulement dans le roman de Zola. D'ailleurs quand bien même chacun serait assuré d'avoir des enfants affectueux et reconnaissants, ce serait encore une erreur de sacrifier une jeunesse réelle à une vieillesse problématique. Avec deux enfants, même avec pas d'enfants du tout, les conditions de la vie du prolétaire sont médiocres ; avec beaucoup d'enfants, c'est la misère, la lutte âpre de chaque jour pour le pain Comment pouvoir donc conseiller à des gens dont la vie est déjà si triste de renoncer à quelques menues distractions dans la perspective d'avoir encore dans leurs vieux jours le maigre plat qu'ils gagnent dans leurs années de travail.

Certains néo-malthusiens prétendent qu'en procréant peu on procréera mieux. Cela n'est pas sûr. Les conditions d'une bonne reproduction sont beaucoup trop mal connues pour qu'on puisse les formuler. Mais ce qui est certain, c'est que dans les familles pauvres, les enfants sont mieux élevés lorsqu'il y en a peu. La mère d'abord, moins surmenée, les aime davantage ; elle est mieux en état de veiller sur eux pour leur éviter les mauvaises fréquentations. Il n'y a pas à craindre dans les familles ouvrières que les enfants soient trop choyés et deviennent, couvés par leur mère, des incapables dans la lutte pour l'existence. M. Bertillon signale ce fait, mais il n'est vrai que pour les classes riches ; la mère pauvre n'a pas le moyen de garder dans ses jupes son enfant même unique.

La restriction volontaire des naissances diminue la criminalité. La criminalité se recrute parmi les orphelins abandonnés et les enfants des familles ouvrières trop nombreuses. Le logis étroit ne peut permettre les ébats de six enfants ; la mère pour être tranquille les envoie à la rue où ils coudoient de petits voleurs. Souvent maltraité, à peine nourri, l'enfant, cédant aux suggestions de camarades, abandonne la maison paternelle et il vit de menus vols jusqu'à ce qu'il en commette de grands. L'enfant de parents néo-malthusiens, élevé dans un confort relatif, dans l'affection de ses parents, a plus de chances de devenir un membre discipliné du corps social.

CHAPITRE V

La Femme et la race

Au revendications du féminisme, les anti-féministes opposent fréquemment les nécessités de la maternité. Comme tous les gens de parti pris, ils exagèrent. Toutes les femmes d'abord ne sont pas mères ; de tout temps il y a eu, disséminées dans les familles ou agglomérées dans les ordres religieux des vieilles filles occupant leur existence à autre chose qu'à la maternité. La supérieure de couvent d'autrefois, obéie de ses religieuses, respectée, considérée, placée même parfois après sa mort sur des autels, peut sans que rien soit changé en la situation de la race, revivre dans une femme politique chargée de grosses responsabilités.

Quant à la masse des femmes dont l'émancipation ferait de simples citoyennes, leurs nouveaux devoirs ne perturberaient en rien leur vie, tant est léger l'impôt d'activité que le pays lève sur chacun. Sans crainte, le Parlement pourrait dire : « Je réalise l'égalité politique des sexes, advienne que pourra. » Aucune catastrophe n'adviendrait, nous l'avons montré plus haut dans notre chapitre, sur « le Féminisme et la Famille ».

Il n'en reste pas moins vrai, cependant, que la maternité est pour la femme une lourde charge; c'est surtout devant elle que se dresse le dilemme de l'espèce et de l'individu. Les femelles animales, les femmes sauvages et incultes, poussées par l'instinct, sans résistance devant les désirs du mâle, font le jeu de l'espèce au détriment d'elles-mêmes; la femme cultivée, remplaçant l'instinct et la passivité par de la raison assurera d'abord son individu.

Il est des grossesses heureuses, mais on peut dire qu'en général la femme enceinte est en état d'infériorité tant au point de vue physique que dans ses facultés intellectuelles ; aussi bien si la plupart des femmes aiment les enfants, aucune n'aime l'état de grossesse, elles le subissent seulement. Les troubles digestifs, le besoin fréquent de sommeil, la disposition à la paresse, sont le lot des gestations les plus normales. Après la grossesse vient l'accouchement avec ses douleurs terribles. Au cours des souffrances provoquées par les contractions utérines, la dilatation des tissus, bien des femmes appellent la mort. L'enfant mis au jour, la mère oublie ce qu'elle a souffert mais bien souvent ce n'est pas sans effroi qu'elle envisage une seconde parturition l'expérience faite d'une première. Durant les premiers mois, l'élevage de l'enfant est une lourd fardeau, les cris aigus qu'il pousse, parfois pendant des heures, sont insupportables aux étrangers, même au père qui fuit la maison ; seule la mère, retenue par l'amour maternel et sur ce qu'on lui a dit être son devoir, les endure avec patience ; les soins de propreté nécessitent des manipulations répugnantes.

J'ai connu des mères de cinq enfants qui sont restées quand même des femmes intelligentes et actives, mais elles appartenaient aux classes cultivées dans lesquelles la maternité pèse moins sur la femme. Dans les classes pauvres, la mère de nombreux enfants est de très bonne heure une vieille, tant au point de vue du corps qu'à celui de l'esprit.

La femme qui enfante est comme la fleur qui fructifie, elle se fane. Tout se passe comme si la nature, satisfaite une fois la perpétuation de l'espèce assurée, rejetait dédaigneusement à la décrépitude et à la mort l'instrument dont elle s'est servie pour ses fins. La mère de nombreux enfants est remplie d'infirmités et de malaises. Les varices couvrent ses jambes et l'empêchent de marcher, les muscles de l'abdomen, relâchés, ne maintiennent plus l'intestin ; l'utérus tombe. Bardée de bandages, la femme doit penser constamment à se soigner : casanière par force d'abord, avec résignation ensuite, elle est incapable d'une vie intéressante.

Plongée dans la lecture des romans où l'amour apparaît sous la forme d'un beau chevalier traversant les périls, semant l'or dont il a à profusion pour un baiser de l'aimée, la jeune fille d'autrefois ne songeait guère à ces tristes réalités du mariage, pour les comprendre, il lui eut suffi cependant de regarder sa mère ; mais plus imaginative que raisonnable, elle espérait que pour elle, tout devait être différent. Devenue épouse, elle pleurait ce qu'elle appelait ses illusions, puis elle se résignait.

Émancipée, la femme sera nécessairement moins passive. La femme riche n'a pas attendu le triomphe du féminisme pour se décharger autant que faire se peut des besognes fastidieuses de la maternité ; la femme pauvre imit ra la femme riche, nombre d'entres elles le font déjà, nous l'avons vu.

Alors ce sera la fin de la race ? ne manqueront pas de conclure les anti-féministes, dans leur rage à pousser jusqu'à l'absolu des idées qui ne peuvent être appliquées que dans le relatif. Nullement, point n'est besoin de le dire.

Trop manger est nuisible, il ne s'en suit pas pour cela qu'il faille s'abstenir de toute nourriture.

De même si trop infanter est mauvais, il ne faut pas en conclure que la raison commande de ne pas enfanter du tout. La femme aime les enfants, elle continuera donc d'en avoir et pour ce faire elle subira la grossesse et l'accouchement, mais soucieuse d'elle-même, elle ne s'immolera pas à eux et fera en sorte de n'en avoir que peu.

La race en souffrira-t-elle ? La réponse est donnée dans notre chapitre sur « la Dépopulation », elle n'en souffrira pas, car la dépopulation n'est pas un mal. Pour voir le péril de la race dans l'émancipation de la femme, il faut se placer au point de vue rétrograde, croire que forcément les nations devront toujours entrer en lutte les unes contre les autres. Celui qui abandonne ces idées, qui heureusement commencent à être surannées, envisage sans trembler un état stationnaire de la population.

Lorsqu'il m'arrive de visiter un vieil hôtel bâti depuis plusieurs siècles, je songe à ce qu'était la société d'autrefois, à ce qu'elle est encore, pour beaucoup, à présent. On trouve un étage magnifique, le deuxième, appelé aussi le bel étage, les plafonds y sont élevés, les portes et les fenêtres vastes, l'air et la lumière entrent à flots.

Mais dans les appartements de l'entresol, c'est à peine si une personne de très haute taille pourrait se tenir debout, le troisième étage est médiocre, les mansardes sont de vraies tannières. En somme, toute la maison semble construite en vue du bel étage, le reste n'a aucune importance. De même la société d'autrefois et celle d'aujourd'hui encore est édifiée en vue de quelques-uns.

Progrès dans les conditions de la vie matérielle, conquêtes de la pensée, tout est pour le riche, et pour que la vie du riche puisse être la plus belle possible, le confort et le développement intellectuel du pauvre sont sacrifiés. Plus éclairé qu'autrefois, le pauvre commence à revendiquer sa part, il dit que le *bel étage* social prend trop de lumière et qu'il faut qu'il en prenne moins afin que lui en ait d'avantage. Alors le riche s'écrie que tout va craquer, que c'est la fin.

Même chose entre les sexes. L'homme jusqu'ici a pris pour lui tous les biens de la vie. Déjà libéré par la nature, il s'est fait plus libre encore en accablant la femme. A lui les plaisirs, les richesses, les honneurs, le pouvoir. De temps à autre, au gré de sa fantaisie, il consent à y faire un peu participer la femme qu'il aime ; mais il tient la main à ce que l'autre sexe, comme il dit, ne puisse y accéder sans lui. Aujourd'hui « l'autre sexe » le sexe inférieur, veut aussi sa part de bonheur, il veut en jouir par lui-même, sans qu'il ait besoin de l'agrément du sexe masculin, et alors tous les hommes, les pauvres comme les riches, ceux qui sont écrasés comme ceux qui écrasent unissent leur voix pour crier que tout croule et que la *race* est perdue.

Non, rien n'est perdu, pas plus la société que la race, mais il ne faut pas que les uns soient sacrifiés aux autres. La femme, individu au même titre que l'homme veut, sa place, elle commence déjà à l'avoir, elle l'aura, c'est à la société de s'arranger pour la lui faire.

On ne construit plus aujourd'hui de ces maisons d'autrefois où tous les étages étaient sacrifiés au second. Du premier au dernier, tous sont pourvus d'air et de lumière en quantité suffisante. De même, dans la société, il faut faire leur place à toutes les aspirations, ainsi le veut la justice.

TABLE DES CHAPITRES

Imp. de la Librairie M. Giard et E. Brière, 16, rue Soufflot, Paris.